Atípico

Cómo Entrenar Tu Mente para Pensar de Forma Diferente y Superar los Pensamientos Negativos

Dan Desmarques

22 Lions

Atípico: Cómo Entrenar Tu Mente para Pensar de Forma Diferente y Superar los Pensamientos Negativos

Escrito por Dan Desmarques

Índice

Introducción

En un mundo en el que la agresividad y el poder a menudo eclipsan el amor y la compasión, Atípico: Cómo Entrenar Tu Mente para Pensar de Forma Diferente y Superar los Pensamientos Negativos ofrece un viaje transformador hacia la comprensión de las complejidades del comportamiento humano y la dinámica social. Explora las raíces de la psicopatía, las presiones de la sociedad y las dualidades que conforman nuestras percepciones e interacciones. reta a los lectores a liberarse del pensamiento convencional y les anima a recorrer un camino de autodescubrimiento y evolución.

Mediante una exploración exhaustiva de la neurología individual y las influencias sociales, el libro revela cómo el miedo, la vergüenza y las expectativas sociales pueden conducir a un comportamiento antisocial encubierto y a una mentalidad depredadora. Destaca la importancia de la educación, la autoconciencia y el valor de pensar de forma diferente para superar estos patrones destructivos. Los lectores obtendrán una visión completa del desarrollo evolutivo de la mente humana, la influencia de las experiencias culturales y personales y el poder de la introspección. Al comprender los motivos y temores subyacentes que impulsan las acciones humanas, el libro capacita a los lectores para trascender las normas sociales y adoptar una forma de pensar más evolucionada.

Más que una guía para el crecimiento personal, Atípico es una llamada a la acción para el cambio social, que insta a los lectores a contribuir a un mundo en el que la cooperación y la empatía prevalezcan sobre la división y la competición. Ya sea para comprender los entresijos de la psicología humana o para transformar la propia vida, este libro proporciona las herramientas y perspectivas necesarias para prosperar en un mundo complejo.

Capítulo 1:
La evolución del comportamiento antisocial oculto

Probablemente hayas pasado la mayor parte de tu vida preguntándote por qué tanta gente es mala e incluso envidiosa de los demás, y por qué esto les ocurre a quienes no han hecho nada malo y pasan la mayor parte del tiempo centrados en su propia existencia y en la supervivencia de su familia. Gran parte de la maldad del mundo se atribuye a causas misteriosas, a menudo aisladas en el marco de la religión, y la psicopatía no recibe la atención que merece cuando se analiza desde una perspectiva más amplia o cuando se ven sus múltiples implicaciones en nuestra vida cotidiana. Sin embargo, todo puede simplificarse si seguimos un determinado camino evolutivo que revela nuestros motivos ocultos, ambiciones, miedos y razones. Para ello, es necesario comprender mejor la neurología individual y cómo se aplica a las múltiples facetas del mal en el mundo actual.

En un mundo de tendencias autodestructivas y visiones anómalas de la realidad, donde se valoran y veneran más la agresividad y el poder que el amor y la compasión, la única salida es llevar una máscara social. Así, la gente tiene que fingir ser quien no es para ser respetada y encajar en la sociedad. Este estado mental conduce, obviamente, a la ansiedad social. Por eso, cuando la gente está deprimida, se esfuerza más por ocultarlo sonriendo más de lo habitual y haciendo cosas inusuales. Esto se debe a que temen ser discriminados. Sin embargo, como quieren formar parte de una sociedad que les provoca ansiedad, muchos desarrollan lo que se denomina un comportamiento antisocial encubierto, mintiendo más, engañando a los demás y, en general, haciendo lo que pueden para sobrevivir y ganar en una competencia feroz por conseguir más.

Esta mentalidad depredadora procede del propio estado de víctima, que supone una compensación por el miedo a estar atrapado en lo que se considera un mundo dual, una realidad bidimensional. En esencia, la depresión y la ira reducen la percepción de la vida, afectando a la forma en que las personas se ven a sí mismas y se comportan, así como a la forma en que se relacionan con los demás.

Por supuesto, cuando estos individuos psicóticos actúan de este modo con otras personas, no tardan en sufrir las consecuencias de sus traiciones y mentiras. Como resultado, y debido a su incapacidad para reflexionar sobre su propio comportamiento, se hundirán aún más en esta mentalidad reptiliana de buscar el poder sobre otras personas para oprimirlas y sobrevivir. La supervivencia es percibida por esta persona como un mecanismo mediante el cual disminuye el potencial de los demás para poder aprovecharse mejor de ellos y mentirles. Aquellos de los que se aprovechan pueden entonces empezar a percibir la realidad de una manera dual, razón por la cual hay tantas personas que mantienen a la sociedad deprimida y no le permiten evolucionar.

Si una persona permanece en un estado mental de miedo durante el tiempo suficiente, habrá ira y más depresión, lo que le llevará a tener pensamientos suicidas. Todo lo que el individuo percibe fuera de sí es un reflejo de su mundo interior, aunque no haya correlación entre lo que está ocurriendo y lo que percibe que puede estar ocurriendo. El estado psicótico está relacionado con una falta de discriminación y autocontrol sobre los pensamientos, lo que significa que la persona se siente más perturbada por problemas simples y ordinarios, pero también es más probable que racionalice lo que está sucediendo como un ataque negativo a su existencia.

Esta descripción resume lo que ocurre en todo el planeta y, para muchos, es tan común que incluso puede considerarse normal. Algunos han etiquetado estas características como parte de un cerebro reptiliano, en contraposición a un cerebro mamífero. Aunque este tipo de comparación puede facilitar la comprensión, es engañosa. La mente humana debe entenderse dentro de una trayectoria evolutiva que no se manifiesta según lo que vemos ahora, sino según el pleno potencial de un individuo. Esto significa que muchas personas siguen viviendo con los patrones de pensamiento de un hombre de las cavernas o de alguien de siglos pasados. Hay muchas razones para ello: vidas pasadas, falta de educación, aspectos culturales, traumas infantiles o una combinación de estos elementos pueden estar relacionados.

Aunque algunas experiencias nos afectan más que otras, la forma en que lo hacen también depende de nuestra reacción, y estas están correlacionadas con todo lo que hemos vivido antes. Sin embargo, a través de la educación y la formación, una persona puede mejorar, recuperarse de su estado mental anterior y evolucionar hacia una forma de pensar más elevada. Esto requiere cierta cooperación por parte del individuo, y ahí es donde radica el problema, ya que es poco probable que quienes ven el mundo como una amenaza acepten ayuda o vean la ayuda como algo beneficioso.

Capítulo 2 – Desenmascarar las mentiras que dividen a la sociedad

Cuanto más sana está una persona, más dispuesta está a recibir ayuda, pero también es menos probable que necesite una intervención externa porque ya se está ayudando a sí misma y lo está haciendo de forma segura. En este proceso, verás que las personas tienden a alinearse a lo largo de un determinado camino: en el fondo, verás a una persona obsesionada con su supervivencia física. Esto significa ver el mundo en dos dimensiones, con solo dos opciones, dos divisiones: yo o ellos, cazador o cazado, atacante o defensor, agresor o víctima. Sin embargo, es muy interesante observar que las personas que proponen un análisis del mundo basado en dualidades, al tiempo que se presentan como útiles para los demás, en realidad están haciendo lo contrario y llevando a la sociedad a profundizar en este falso dogma del «yo contra ellos».

Si queremos entender la verdad, debemos fijarnos en quienes proponen modelos que integran a la sociedad en la evolución constante del planeta. Entre estas teorías, encontramos las siguientes: Las personas que se encuentran en la cima de nuestra evolución no están obsesionadas por recibir, sino por dar. Entienden que el mundo solo puede progresar mediante la cooperación y la combinación sinérgica de esfuerzos, tal y como podemos observar en la naturaleza. De hecho, se puede observar la naturaleza desde un punto de vista binario, depredador y presa, o desde una perspectiva más amplia y darse cuenta de que todo el sistema funciona para sostenerse.

Por supuesto, los animales no saben lo que hacen, al igual que muchas personas no saben por qué hacen las cosas como las hacen. Pero existe un equilibrio que mantiene la naturaleza como es, y este equilibrio se rompe cuando se elimina un elemento. Lo mismo ocurre con la sociedad humana. Si no hay cooperación, habrá guerras, codicia y destrucción, y el resultado de todo ello es la muerte y la imposibilidad de progresar. De hecho, las personas más estúpidas de este planeta son las que dicen que el dinero no es importante y que todas las personas son buenas si se las trata con respeto. Está claro que no saben en qué planeta viven ni cómo funciona la vida. Necesitamos riqueza y realismo para racionalizar la posibilidad de un futuro, no excusas para un presente autodestructivo.

Si comprendemos por qué la sociedad en su conjunto no está organizada para la evolución, sino según la mentalidad perversa de quienes la ven desde el fondo de nuestra escala evolutiva, quienes piensan que la evolución es una cuestión de suerte, un accidente que sopla en el viento y acaban atrapando a unos pocos, entonces podremos contemplar nuestra propia existencia de forma muy diferente, porque nos daremos cuenta de que la mayor parte de lo que nos cuentan es mentira, una ilusión diseñada para mantenernos alineados con la mentalidad psicótica común de muchos.

Imagina que vives en una época muy primitiva y que todo el mundo te dice que debes aprender a lanzar lanzas para evitar que las tribus enemigas invadan tu tierra y que la única forma de sobrevivir es cazar animales salvajes. Te pasarás toda la vida pensando que esa es tu realidad. Nunca intentarás otra cosa. Entonces, cuando veas a alguien que vive de otra manera, como un antiguo miembro de la tribu que rompió con esta locura, construyó un barco y empezó a vivir de la pesca y la agricultura, dirás que está loco. Sin embargo, solo verás que esa otra persona está más desarrollada que tú cuando te des cuenta de que no lo está tanto. Para ver a ese loco como alguien evolucionado, tienes que darte cuenta de que no lo está.

Esto es lo que ocurre en la sociedad actual. La gente piensa que las personas más evolucionadas están locas. Se les llama codiciosos, cínicos, perdidos o simplemente arrogantes. Si te fijas en las palabras elegidas para describir a las personas rechazadas por su evolución, verás que todas tienen que ver con cosas que mucha gente no puede hacer: son prácticos, creativos, aventureros, valientes, buscan nuevas posibilidades y no tienen miedo a pensar de forma diferente.

Las diferencias entre las personas son fáciles de ver en la forma en que estructuran sus percepciones. Por ejemplo, si lees mucho y te unes a un grupo de gente que no lo hace, pueden pensar que lees demasiado o que tus conversaciones son aburridas. Pero si no lees nada y te unes a un club de lectores, pensarán que eres muy estúpido. ¿Y si lees más que la persona que tienes delante, pero piensan que eres estúpido? Por supuesto, te desacreditarán, te juzgarán negativamente, te invalidarán y devaluarán todo lo que digas, buscando razones para racionalizar sus pensamientos y mantener intacta su identidad y autoimagen, preferiblemente de superioridad respecto a ti. Dirá que mientes y que estás loco.

Este es el estado mental de muchas personas en este mundo.

Capítulo 3 – Proyección y percepción en un mundo psicopático

No hay nada malo en ver las cosas como son, sino en percibirlas como creemos que son, porque esto supone forzarlas a adaptarse a nuestra percepción de la realidad en lugar de analizarla tal como es. Esta incapacidad de ver la realidad tal y como es es muy evidente en la forma en que la gente se insulta, porque la gran mayoría de la población proyecta sus propios problemas, inseguridades y limitaciones en los demás, sin darse cuenta de que las cosas que observan son un reflejo de sí mismos y no de la propia realidad.

Por ejemplo, un hombre de unos 40 años que sigue viviendo con su madre y no consigue trabajo me llamó infantil y dijo que no veía la realidad de forma madura; un gordo que apenas puede moverse dijo que no podía pegar ni a una bolsa de papel; un hombre que intenta evadir impuestos mintiendo sobre las fuentes de sus ingresos me llamó delincuente. Un hombre sin título universitario dijo que yo no sabía investigar; un hombre con una novia muy fea dijo que probablemente yo era virgen porque estaba soltero; un autor que se pasó toda la vida escribiendo libros que no se vendían dijo que yo no era un autor de verdad como él porque publicaba con la editorial francesa más prestigiosa. Un hombre muy ignorante, que siempre fracasa con sus ideas de negocio, dijo que era imposible ganar dinero por Internet y que yo mentía sobre mi trabajo. Una mujer muy gorda se burló de mi color de piel y dijo que no parecía europea. Un español que parece árabe dijo, en tono humillante, que yo parecía árabe. Una psicópata que lucha contra una enfermedad mental dijo que parecía loca. Una mujer que no consiguió publicar su primera novela y renunció a sus sueños dijo que yo no parecía una escritora de verdad. Un narcisista, ya diagnosticado con una enfermedad mental, me llamó loca por pedirle perdón por su comportamiento pasado.

Todos estos son ejemplos reales de las muchas personas que he conocido que me han insultado, así como el tipo de cosas que han dicho. Basta con leerlos con las mismas palabras que ellos utilizan para darse cuenta de que están hablando de sí mismos. Además, los insultos son tan contrarios a mi propia realidad que tendría que cuestionar mi cordura mental para creerlos. Por eso también es difícil enfadarse con esa gente, porque lo que dicen tiene más que ver con ellos mismos que con la persona que tienen delante. Es como si reflejaran fielmente sus propios problemas en una necesidad de salvación. Insultan con frases que les describen mucho más que a los demás y que, en muchos casos, no tienen nada que ver con la persona a la que intentan insultar.

Estos también son ejemplos de niveles extremos de psicopatía, aunque son muy comunes en nuestra sociedad. Estas personas solo pueden fingir ser normales en un mundo que sabe poco sobre las enfermedades mentales. De hecho, es más probable que insulten a personas cuerdas, porque pueden ver claramente detrás de su máscara. Los más locos del mundo siempre atacarán a los más cuerdos por miedo a ser desenmascarados y avergonzados. El miedo y la vergüenza son las emociones que más dominan y aterrorizan a la mente psicopática y puedes hacer que se sientan débiles fácilmente exponiendo estas dos características. Para lograrlo, debes señalar sus debilidades y mencionarlas repetidamente, porque las acusaciones son solo humo para distraer la atención del verdadero problema: ellos mismos.

Otro nombre para esta táctica es distorsión de la realidad, precisamente porque está diseñada para hacerte dudar de tu propia cordura, invirtiendo los papeles. Quieren que pienses que eres ellos para poder ser tú. Parece una locura, y lo es, y hay gente muy loca que piensa así, y son la mayoría. Pero la otra razón por la que los enfermos mentales cambian los papeles en una interacción es que no pueden empatizar con la otra persona. Cambian los papeles durante una conversación y te culpan de las cosas que hacen porque no pueden entender tu punto de vista. La razón de esto tiene que ver con su propio miedo y vergüenza. Están atrapados en sus propios patrones mentales y obsesionados con la supervivencia.

El miedo y la vergüenza convierten a las personas en introvertidas, centradas en su propia necesidad de sobrevivir a cualquier precio, sin tener en cuenta las necesidades de los demás. Sin embargo, esto no significa que la persona sea tímida. Un introvertido es una persona que ha interiorizado su propia visión del mundo y es incapaz de cambiarla cuando interactúa con la realidad. Por lo tanto, esta persona se vuelve narcisista, no porque piense que es mejor que los demás, sino porque sabe que es peor que ellos. Este narcisismo es la máscara que utilizan para distraer, humillar y menospreciar a los demás. Hacen estas cosas porque no pueden verse a sí mismos detrás de la máscara y no pueden tolerar que se les vea como realmente son.

Capítulo 4 - Cómo los narcisistas apuntan a los excepcionales

E logiar o insultar a una persona es igualmente fácil, ya que ambas posibilidades suelen ser visibles. Las personas ocultan sus debilidades, mientras que exponen y hablan sin reparo de sus mejores cualidades. Sin embargo, las inseguridades hacen que la gente menosprecie a los demás como mecanismo de autodefensa. Es como si sacrificaran el bienestar de la otra persona para proteger el suyo propio, igual que haría una persona muy avariciosa y egoísta. Esta es la razón por la que las mismas características suelen estar presentes en las mismas personas. Los avariciosos, los egoístas y los inseguros tienen rasgos de comportamiento similares, aunque la mayoría de las veces uno de estos rasgos tiene más probabilidades de aparecer que los otros, debido a las circunstancias sociales. A menudo, el cónyuge se da cuenta de ello más tarde, cuando está aislado con la persona.

Un narcisista hace todo lo posible por ocultar sus defectos, incluso hace esfuerzos irracionales para conseguirlo, como mentir mucho, porque vive con el miedo constante a ser visto, un miedo desencadenado por su propia vergüenza. Este es el ciclo del narcisista, que comienza con la vergüenza, pasa a la ira y termina con la humillación e incluso la intimidación de los demás. Curiosamente, lo que desencadena la vergüenza en los narcisistas es el amor, precisamente porque no pueden sentirlo, lo que les expone más. Cuando un narcisista se siente amado o respetado, se revela la vergüenza de lo que son. Por eso actúan como aguafiestas. La felicidad de los demás les hace sentir terriblemente incómodos. De hecho, tardé años en comprender por qué tanta gente me odiaba simplemente porque sonreía. Sonreír provoca inseguridades en personas muy egocéntricas e inseguras.

Otra forma indirecta de irritar al narcisista es la envidia, porque tienen una mentalidad competitiva y asumen que todo lo que tienen los demás está relacionado con lo que ellos no tienen. El éxito de los demás les avergüenza. Por lo tanto, menosprecian los logros de los demás o, lo que es peor, destruyen su reputación con calumnias. Esto me ocurrió cuando me hice popular entre mis alumnos. Uno de los profesores no podía dormir por las noches y siempre estaba planeando formas de despedirme. Ser mejor es simplemente inaceptable en un grupo en el que hay al menos una persona muy negativa. Por eso, en las sociedades comunistas y socialistas, donde se tiene la idea de que tener más es algo malo y peligroso, la gente es extremadamente hostil al éxito de unos pocos y destacar se considera un comportamiento antisocial.

El contraste entre las sociedades americanas y europeas, o incluso asiáticas, es muy evidente en este sentido, ya que mientras los valores americanos promueven el destacar e incluso la autopromoción, los valores europeos son contrarios a todo esto.

De hecho, las familias europeas más adineradas son generalmente desconocidas, a pesar de que gestionan un gran número de marcas comerciales con un impacto significativo en la sociedad. El objetivo de las personas más ruines de entre nosotros es bastante obvio: la persona que destaca como el más cualificado. Por eso tantos empresarios famosos afirman haber sufrido acoso en la infancia.

Para un narcisista, lo peor es enfrentarse a alguien educado, respetuoso, amable, inteligente y honesto en público, ya que esto expone claramente la terrible naturaleza del narcisista. Esto vuelve loco al narcisista y le obsesiona destruir a esa persona. A menudo pensamos que estos comportamientos son normales en la sociedad porque nos los encontramos muy a menudo, pero no hay nada normal en ellos, precisamente porque están diseñados para distorsionar la realidad en favor del narcisista. Aquí tenemos al compañero de trabajo que calumnia la reputación de alguien que simplemente está haciendo bien su trabajo y que es admirado y respetado por muchos; también tenemos a la novia o novio que destruye tu reputación entre tus amigos y familiares porque te quieren y te respetan; vemos estas cosas incluso en ámbitos en los que la calidad personal debería ser más importante que la rivalidad, como la música, la pintura y otras formas de arte, donde se ataca al artista simplemente por ser famoso. A continuación, encontramos el odio hacia los ricos, mientras que los que odian no tienen ni idea de lo duro que han trabajado estos individuos para alcanzar este estilo de vida. Por lo general, los propios odiadores son miembros de los sectores más perezosos de la sociedad.

El racismo y la xenofobia también son rasgos de vergüenza e inseguridad, por lo que a menudo los vemos en naciones que se han construido a sí mismas saqueando a otras naciones. El odio a otras culturas y pueblos es más frecuente en quienes se avergüenzan de su propio pasado. Vemos mucho racismo y xenofobia entre los británicos, por ejemplo, porque fueron los que más oprimieron, robaron y destruyeron a otras naciones. El odio que sienten hacia los indios y los sudafricanos por el color de su piel puede compararse con la enorme vergüenza que sienten por haber robado billones de dólares a esas naciones, cuyos ciudadanos se ven obligados a emigrar a territorio británico en busca de una vida mejor.

Capítulo 5 - Las raíces del racismo y la xenofobia

Los inmigrantes avergüenzan a los racistas locales, que tienen que encubrirlo con chovinismo. Algo parecido ocurre entre los estadounidenses, que utilizan su patriotismo para justificar su odio a los inmigrantes, a pesar de que su nación está formada esencialmente por descendientes de inmigrantes que robaron la tierra a los nativos que vivían allí antes de la llegada de los colonizadores. La vergüenza de los estadounidenses proviene precisamente de esta falta de identidad, ya que no tienen a dónde ir ni un lugar al que puedan llamar hogar. Un comportamiento similar se observa entre los israelíes, por las mismas razones, porque necesitan justificar su vergüenza con el racismo hacia otros que son mucho más israelíes que los que les están robando sus tierras.

A mayor escala, vemos que muchos de los problemas del mundo simplemente nos distraen de la causa fundamental de su existencia. Muchos conflictos, desde los políticos hasta los personales, surgen de la falta de capacidad para ver la vida a través de los ojos de los demás, para pensar como ellos y comprenderlos. No se trata solo de un rasgo común, sino de una deficiencia mental. La situación empeora cuando nuestra visión de la vida se filtra a través de una sola lente.

Una persona evolucionada es aquella que entiende por qué algunas personas quieren saber y entender más, fomentando así un sentimiento de empatía por las luchas de los demás, mientras que una persona menos evolucionada será tan terriblemente insegura que querrá segregarse en un grupo que se opone a otro grupo. Este comportamiento se observa en los deportes, el orgullo nacional, los grupos racistas y otras formas de orgullo ilusorio y sin sentido, por el que muchas personas dedican su vida entera. Quienes se consideran separados de los demás tienen un sentimiento de competitividad que intentan cultivar mediante todo tipo de actividades aparentemente positivas, incluida la lectura de libros. Los vemos todo el tiempo, ya que se consideran superiores a los demás por su elección de libros.

Algunas de estas personas están tan obsesionadas consigo mismas que intentan venderme libros escritos por otros autores a los que siguen, en lugar de preguntar qué tipo de libros escribo o hacer el esfuerzo de leerlos y comparar la información. Sin embargo, esta preselección de libros, personas e información en general es exactamente lo que les convierte en ignorantes. Lo que más intentan evitar cuando dicen que los demás son ignorantes es lo que acaban incorporando a su comportamiento.

Asociado a estas características está el acto de hacer preguntas. Mis alumnos más inteligentes preguntaban y aprendían, mientras que los más tontos suponían y juzgaban. Más de 10 años después, las diferencias entre los dos grupos no pueden ser más evidentes: el equipo perdedor fracasó estrepitosamente, con largas jornadas laborales, trabajos que odiaban y bajos salarios, mientras que el equipo ganador ama su trabajo y su vida. Lo irónico es que nunca he visto ninguna correlación entre las notas de la universidad y los resultados que los estudiantes obtienen más tarde. Esos resultados siempre han estado correlacionados con sus actitudes. Se arrepienten cuando ya es demasiado tarde para cambiar de rumbo de forma significativa y el coste de sus decisiones pasadas es demasiado alto para dejar espacio o tiempo para ese cambio, que una vez estuvo al alcance de una pregunta que nunca se hizo o de una hora de distracción en la que el alumno podría haber escuchado la respuesta que yo ofrecí a alguien y eligió no escuchar.

La gente suele ir por la vida con las manos en los oídos y la mirada gacha, ignorando por completo las oportunidades que se le presentan. Incluso podría ser un profesor respondiendo a una pregunta que el compañero sentado detrás de él necesita hacerse. Elegieron ignorar esa oportunidad, y esa elección les costó su destino. Todo en la vida es el resultado de las decisiones que tomamos sobre qué escuchar y, lo que es más importante, a quién seguimos. Los tontos tienden a identificarse con otros tontos. Se necesita una mente especial para reconocer el valor de la información. Una de las cualidades de estas mentes es la humildad.

Nunca he visto a nadie como superior o inferior a mí y este es quizá uno de los rasgos más llamativos de mi personalidad, que me ha llevado desde lo más bajo hasta donde estoy ahora. Siempre analizo las cosas desde una perspectiva superior, lo que significa hacer preguntas e intentar comprender el punto de vista de los demás. Por supuesto, me han engañado muchas veces, porque la gente miente y yo era lo bastante ingenuo como para considerar su punto de vista. Pero incluso los que mienten nos enseñan valiosas lecciones sobre el amor y el respeto a uno mismo. Sin ellos, no sufriríamos, y sin el sufrimiento que causan, no nos esforzaríamos tanto por una vida mejor. Nos conformaríamos con menos, o con lo que nos bastara en ese momento.

Capítulo 6 – Cómo nos esclavizan el miedo y el conformismo

La mayoría de la gente no desarrolla las cualidades necesarias para evitar convertirse en blanco de los más débiles entre nosotros, así que para la gran mayoría, la vida es fácil y se reduce a hacer lo que ven hacer a los demás. Leen los libros que todo el mundo les dice que lean y piensan como la mayoría. Su idea del bien y del mal les hace parecer socialmente aceptables. Tienen mucho miedo a ser diferentes, aunque todo el mundo afirme serlo.

De hecho, es un aspecto muy extraño de la sociedad que las personas se consideren independientes, cuando en realidad no tienen la capacidad de pensar de forma independiente, ni siquiera las herramientas para aprender a hacerlo. Peor aún, no son conscientes de que sus pensamientos no son independientes, porque nunca reflexionan sobre ellos ni intentan cambiarlos por ningún motivo. En cambio, racionalizan que todo lo que les demuestra que están equivocados es erróneo y luego vuelven a lo que estaban haciendo. El hecho de que algunos lean más no les hace mejores en ningún sentido y no hay nada en su experiencia que justifique creer nada de lo que dicen o recomiendan. Ven el mundo desde el fondo de la escala evolutiva. Para ellos, soy un tonto por no estar de acuerdo con ellos y no querer leer los libros que recomiendan. Para ellos, solo tengo suerte, aunque es obvio que los libros que han leído no han producido ningún resultado en sus vidas. Ni siquiera podrían explicar bien los libros, porque probablemente el autor estaba complicando algo que ya era poco interesante y sin sentido.

Un aspecto curioso de estas personas es que prefieren odiarme por escribir libros que contradicen su visión del mundo antes que querer aprender más y enfrentarse a sus propios errores, miedos e inseguridades. Pero ese es también el efecto más devastador de la mente en un individuo, cuando actúa como un tirano, impidiéndole ver la realidad tal como es y manteniéndolo, en cambio, esclavizado a viejos patrones de pensamiento que no le permiten ver más allá.

No me enorgullezco necesariamente de leer muchos libros, sino de ser muy rápido para decidir qué leer y qué no, y de tener una actitud crítica ante la información contenida en ellos, en lugar de ser un seguidor ciego de alguna figura popular. Lo que me motivó a convertirme en escritor fue precisamente la constatación de que la mayoría de los libros son malos y de que la mayoría de los autores son narcisistas que no tienen nada que decir y, en algunos casos, siembran aún más confusión. Es interesante observar que la misma capacidad de ver que hace que mucha gente me llame ahora arrogante y narcisista. Es muy interesante que, cuando ves el mundo como es, los ciegos te odian por ver lo que ellos no pueden ver. Nunca he visto tanta estupidez en mi vida.

Nunca he visto tanta estupidez en mi vida como cuando empiezo a decirle a la gente que escribo libros para ganarme la vida y se dan cuenta de que mis libros no encajan en su visión egoísta e infantil del mundo. Sus inseguridades y miedos afloran de forma fea, sobre todo entre los que se hacen llamar cristianos. Es asombroso el infierno que se esconde bajo las máscaras de quienes quieren parecer santos y hacen todo lo posible por ser vistos como buenos. Cuanto más aprendía y escribía, más crecía el odio de los demás, como si me hubiera convertido en una amenaza para su existencia. Esto se debe a que no son más que un número en el sistema, que depende terriblemente de él para validarse. Pero, personalmente, no comparo mis pensamientos con los de los demás en términos de cantidad o calidad, sino de eficacia, algo que se puede aprender. Así que no hay por qué sentir envidia ni vergüenza. De hecho, es sensato copiar lo que ha producido resultados positivos de forma eficaz en la vida de otra persona. Por eso, siempre que me piden consejo sobre cómo escribir un libro, les digo que escriban una autobiografía. Al menos puedes contribuir a iluminar el mundo con tus errores, si no con tus aciertos.

Saber qué no hacer y por qué es tan importante como saber qué hacer. Muchos de nosotros hemos fracasado en la vida, al igual que otros, a causa de nuestro ego y nuestra ignorancia. Nada ayuda más a eliminar este sufrimiento autoinfligido que los libros sobre el fracaso personal. Sin embargo, la gente es demasiado egocéntrica e insegura para escribirlos. Esta es la paradoja de la estupidez humana: la gente se reencarna muchas veces en esta tierra, repitiendo exactamente los mismos errores por exactamente las mismas razones, porque nadie hace nada al respecto. Todo el mundo está demasiado obsesionado con su miserable vida, tratando de parecer más importante de lo que realmente es, como para preocuparse por los demás. Excepto por el hecho de que si todo el mundo es así, entonces nosotros también estamos incluidos. La mente egoísta no puede entender eso.

Capítulo 7 – La evolución de la percepción

En la cima de la evolución como ser humano, ya no ves la realidad como correcta o incorrecta, sino como interesante o no interesante, o como información eficaz u opinión personal inútil. Es fascinante cuando la gente se enfada porque dices que sus opiniones no valen nada. Realmente piensan que sus opiniones tienen valor, sin ninguna razón en particular. La inmensa mayoría de las personas son incapaces de compararse con el todo y se ven a sí mismas como entidades separadas, pero buscan irónicamente la validación del todo. Así, son incapaces de distinguir entre lo que es suyo y lo que no, y asumen que todo les pertenece, especialmente cuando es validado por el Todo.

Esto incluye sus pensamientos, que suelen ser un reflejo de lo que ven que piensan los demás. Entonces asumen que lo normal es lo que se ha normalizado y que cualquier cosa fuera de este espectro no es normal. Así que aprenden a temerlo, pero nunca cuestionan sus propias creencias. Por el contrario, permiten que esas mismas creencias les condicionen. Si alguien les dice lo contrario, lo rechazan. De hecho, tardé años en entender por qué tanta gente evitaba hablar conmigo, hasta que me di cuenta de que sencillamente no podían hablar con alguien que cuestionaba todo lo que creían que era verdad. Cuanto más sepas, más te rechazarán los tontos que crean su identidad basándose en opiniones populares, porque les provocas una crisis de identidad. Muchas personas me han llegado a decir que no pueden dormir o que tienen pesadillas por lo que les he contado. Las pesadillas son la forma que tiene la mente de luchar contra sí misma cuando se ve frustrada y desafiada emocionalmente. Una pesadilla es una inseguridad que sale a la superficie para ser superada. Sin embargo, esto nunca sucede, porque el individuo tiene demasiado miedo de enfrentarse a sus inseguridades. Por eso tienen pesadillas.

Un resultado aún más sorprendente de esto es cuando las personas niegan no solo los hechos, sino también la realidad que los acompaña. Muchas personas que he conocido dicen literalmente que no soy un escritor de verdad porque no encajo en lo que creen que es un escritor. Están tan inmersos en estereotipos y roles sociales que no pueden entender que escribir un libro no está relacionado con el estatus social, sino con el conocimiento, y que el conocimiento se valida no por el espacio o el producto en el que se presenta, sino por su eficacia. En otras palabras, son incapaces de evaluar la información que hay detrás de las imágenes sociales. Es como si llevaran toda la vida atrapados en una visión infantil, en la que todo tiene que encajar en una caja y el mundo no es más que objetos en cajas. No entienden la fluidez de la realidad.

Es la misma razón por la que la gente es fatalista y asume que todo está fijado desde el nacimiento. Es aún peor cuando los médicos dicen que todas las enfermedades son genéticas o que la inteligencia no cambia. Esta mentira se perpetúa en todo el mundo porque la gente es demasiado estúpida para imaginar una realidad en la que las cosas cambian. Esta visión del mundo cuestionaría todo lo que creen que es verdad y les haría darse cuenta de que el mundo les ha engañado. No pueden hacerlo, así que eligen creer que nada cambia y que no eres más que una copia de todos los demás en la caja a la que perteneces. Por eso la gente me pregunta dónde nací y se pasan horas hablando de ello, como si la información sobre mi lugar de nacimiento contuviera todo lo que necesitan saber sobre mí. Esto me dice dos cosas: una es que invalidan toda mi existencia e identidad; la otra es que se ven a sí mismos de la misma manera.

Veo exactamente el mismo problema en los que me dicen que quieren escribir un libro, porque siempre me hacen preguntas sobre cómo promocionarlo y venderlo. Nunca he conocido a una sola persona, de las muchas que hacen estas preguntas, que me haya preguntado realmente qué quiere leer la gente o cómo escribir un buen libro. Todo el mundo está obsesionado con ser escritor, no con justificar su elección. Todo el mundo está desesperado por recibir validación, no por el valor. La gente está mentalmente enferma y escribir un libro no cambiará eso, pero creen que sus logros les permitirán ganar el respeto que necesitan para sentir que merecen la vida que han desperdiciado.

Esta idea procede de una mentalidad egoísta, en la que la gente cree que puede imponer su voluntad a los demás, aunque escriban basura. Así que acabamos con un mundo en el que la mayoría de los libros no merecen la pena y muchos lectores leen basura. En ambos casos, se complementan en el extremo inferior de la escala evolutiva, porque uno escribe para sentirse importante, mientras que el otro lee para sentirse importante. Se necesita un alma mucho más evolucionada para escribir libros que merezcan la pena ser leídos, así como un lector más evolucionado para reconocerlos. Por eso digo que yo no podría existir sin mis lectores, porque ambos formamos parte del mismo sistema. No me sorprendería que, al comprender mi propia escritura, ellos escribieran libros que a mí me gustaría leer.

Capítulo 8 – Cómo la ignorancia colectiva configura nuestro mundo

Una idea solo es valiosa si la mayoría la valora; por tanto, tenemos el mundo que consideramos relevante porque hacemos irrelevante todo lo demás. Esta fórmula se puede aplicar a cualquier cosa, incluida la tecnología, la ingeniería y los negocios. Como han descubierto muchos inventores, un buen invento en un mundo de idiotas no genera beneficios, porque los idiotas no ven el valor de lo que se ofrece. Esto es fácil de entender si uno se imagina cómo sería retroceder en el tiempo y llevar un televisor a una sociedad que necesitaba cazar para sobrevivir, porque este entretenimiento les distraería el tiempo suficiente para acabar muertos. Llegaría un momento en que se darían cuenta de que la televisión era en realidad una adicción que comprometía su capacidad para sobrevivir como tribu. Hoy en día, la televisión desempeña un papel muy diferente, ya que la gente la ve como una forma de escapar de la realidad y relajarse. Sin televisión, la mayoría de la gente probablemente se volvería loca pensando en su propia existencia.

Un filósofo no puede tener muchos amigos por esta misma razón y los filósofos suelen ser malinterpretados como personas que pierden el tiempo pensando en tonterías, porque la mayoría de la sociedad no sabe pensar, no ve el valor de hacerlo y no le gusta hacerlo. Al aprender a pensar y empezar a hacerlo eficazmente, uno toma conciencia de su propia miseria, que es exactamente lo contrario de lo que quiere la gente cuando se distrae con la compañía de los demás y las múltiples formas de entretenimiento.

Recuerdo cuando una profesora me dio la nota de mi examen nacional de filosofía y me dijo: «No sabemos cómo lo has hecho, pero has sacado la nota más alta de todo el país». Se refería a la sorpresa de muchos profesores de filosofía ante mi nota. Estaban sorprendidos porque no podían entender cómo un adolescente podía memorizar tanta complejidad y explicarla tan bien en un examen. Sin embargo, a mí no me sorprendió mi nota, porque entendía lo que decían esos filósofos y las preguntas del examen me parecían muy fáciles, dada la cantidad de información que era capaz de transmitir. De hecho, escribí mucho más de lo que debería, precisamente porque podía ver la aplicación de todo lo que esos filósofos estaban explicando. Sin embargo, en aquel entonces no era consciente de que los profesores de filosofía no veían tan lejos como yo y los consideraba malos profesores que tendían a complicar las cosas sencillas.

Estos profesores intentaban evaluar de la misma manera que se veían a sí mismos, regurgitando información que no podían asimilar. Y, sin embargo, aquí tenemos una sociedad de necios que juzgan a los demás solo por su posición social. ¿Dónde más vemos esto? En todas partes. Incluso los idiotas del aeropuerto creen que pueden impedirme entrar y salir de un país por este motivo. A menudo no saben, no entienden y no les importa el verdadero propósito de su posición. Se consideran valiosos por el poder que tienen para restringir a los demás. Pero, ¿qué otra respuesta puedo dar a alguien que me pregunta «¿cuánto tiempo piensa quedarse en este país»? Es como si la respuesta correcta no fuera «todo el tiempo que permita la ley».

La última vez que entré en Tailandia, me dijeron que dos meses era demasiado tiempo para permanecer en el país, a lo que respondí: «Eso es lo que dice la ley que me corresponde». Luego me preguntó por qué no había reservado un hotel para dos meses, a lo que respondí: «Porque aún no sé si me van a dejar pasar». Respuestas sencillas que estos idiotas no entienden porque no saben hacer bien su trabajo. Es el mismo problema en todo el mundo. La gente confunde su autoridad con la finalidad de su trabajo porque no saben lo que hacen. Se limitan a representar un papel sin significado real. Esto es aún más evidente con los mozos de equipaje, que siempre rompen las maletas de los viajeros. Nunca he pasado por un aeropuerto griego sin ver una maleta nueva completamente rota. Eso dice mucho del estado mental de esta gente.

Es interesante observar que, cuando las personas no pueden hacer frente a la vida, precisamente porque no pueden lidiar con todas las incongruencias de las realidades a las que se enfrentan, tienen que idear explicaciones imaginarias de su existencia y seguir justificando lo que les ocurre, en lugar de darse cuenta de que los problemas que atraen son causados por sus propias elecciones. Este es, sin duda, el caso de muchos griegos, portugueses y españoles que se merecen un puñetazo en la cara, pero piensan que ser groseros con los demás, sin otra razón que el color de su piel, justifica su falta de profesionalidad y civismo. Pero lo más interesante de las mentiras que la gente acepta es hasta qué punto pueden contradecirse a sí mismos sin darse cuenta.

Capítulo 9: La espiral de la evasión

La gente suele decir que el dinero no es importante, pero viven con miedo a perder su trabajo y se pasan ocho horas al día haciendo algo que no les gusta para poder cobrar. También dicen que sus amigos y su familia son las personas más importantes de su vida, pero se pasan toda la semana trabajando con desconocidos. Dicen que la felicidad viene de dentro, pero siempre están pensando en viajar a otro sitio. Dicen que la buena comida y el clima son importantes, pero a menudo quieren vivir en zonas más frías si pueden conseguir un sueldo mejor. Dicen que la buena salud es muy importante, pero comen constantemente por placer, incluso cuando lo que comen es perjudicial para su salud. Esta hipocresía se extiende a lo que dicen a los demás que piensen y hagan, porque es lo que quieren que hagan, no lo que ellos harían realmente. Por ejemplo, los que me dicen que debo quedarme en un sitio y no viajar no pueden ir a ninguna parte. Por lo tanto, lo que yo hago debe de ser malo, porque ellos no pueden tenerlo. Es la visión limitada de un adulto inmaduro.

Aunque la tristeza y la depresión son estados emocionales normales, al igual que la felicidad, hay una razón por la que los estados negativos son más comunes. Se debe a los paradigmas ilusorios que llevan a tantas personas a confundirse sobre sí mismas y sobre la vida. Cuanto más atribuye alguien las respuestas a sus problemas y emociones a algo ajeno a sí mismo y a sus propias elecciones, más racionaliza las causas como justificadas y más rápidamente entra en una espiral descendente de su estado mental. Este tipo de pensamiento es exactamente lo que mantiene a las personas en el fondo de la escala evolutiva y la razón por la que no pueden salir de la situación en la que se encuentran.

Muchas personas creen que pueden deshacerse de sus problemas con más dinero, pero no es cierto, porque su forma de pensar les llevará de vuelta a donde están, precisamente porque han aprendido a identificarse con ella. Demostrar que se está equivocado es aceptar que se ha desperdiciado toda una existencia por estar equivocado, y esto genera culpa y vergüenza. Por eso la gente no soporta la introspección. Cuanto más fracasa una persona en la vida, menos quiere reflexionar sobre su propio comportamiento. No se puede hacer reflexionar sobre su comportamiento a una persona que está obsesionada con huir de su vida. Por eso, los adolescentes no suelen escuchar a nadie que les diga que las drogas dañan el cerebro y el cuerpo.

Se dice que hay que ser humilde para encontrar la verdad, pero esta humildad no tiene nada que ver con cómo tratamos a los demás, sino con cómo nos vemos a nosotros mismos. Tenemos que ser capaces de reconocer nuestra vergüenza y culpa antes de asumir la responsabilidad de nuestras vidas. Ayuda si puedes confiar en un poder superior, Dios, para que te guíe, y si ves a este Dios como tu objetivo final, y no a ti mismo, porque no hay límite a lo que consideras tu verdadero yo. Estas son realmente las dos únicas opciones que tienes, porque o estás alineado con una inteligencia superior o estás sujeto al sistema de creencias del colectivo y actúas siempre como un peón en ese juego.

Aunque pueda parecer más fácil renunciar al control personal sobre nuestro destino, hay muchos más riesgos implicados. Las personas pueden tener distintos orígenes y personalidades y, por tanto, responder de forma diferente a los retos de la vida, pero todas procesan la información de la misma manera y filtran la realidad según las mismas leyes de la mente. Por eso no podemos decir que haya subjetividad, salvo cuando se trata de nuestras elecciones personales. Los niveles más altos de reconocimiento incluyen el amor como una emoción que nos llena, ya sea cuando avanzamos hacia las cosas que nos hacen felices o cuando contribuimos al desarrollo del planeta. Por eso la soledad no es natural para el ser humano. La única forma en que una persona podría sentirse bien estando sola sería si fuera consciente de que lo que produce en momentos de soledad comunica con otras personas de su entorno y crea cambios importantes que requieren mucho sacrificio. Por esta razón, vemos esta actitud con más frecuencia en artistas y líderes.

Puede que muchas personas hoy en día no se den cuenta de que están solas, pero la falta de contacto físico, de interacciones cara a cara y el uso constante de las redes sociales para todo tipo de comunicación nos demuestran que realmente están solas. Las muchas distracciones de hoy en día no cambian este hecho. Cuando estás al lado de alguien, no solo se intercambian palabras, sino también emociones, percepciones y cierta comunicación no verbal. En general, estas interacciones multinivel nos ayudan a comprender mejor lo que significa ser humano.

Capítulo 10: La esclavitud mental en un sistema controlado

Una de las cosas más importantes que la gente parece olvidar debido a la interacción constante en el mundo virtual es el aprecio. La gente está ahora demasiado obsesionada consigo misma y sus necesidades, y tiende a olvidar la importancia de reconocer el valor de otro ser humano. Esto resulta fácil de entender cuando se interactúa con un niño, en comparación con la mayoría de los adultos, porque el niño espera que al menos sonrías, respondas a sus preguntas y te despidas cuando te vas. No es el caso de los adultos, que a menudo ni siquiera miran a los niños a los ojos. Los niños también son más receptivos a recibir regalos que los adultos. Los niños sonríen cuando se les ofrece algo, mientras que los adultos empiezan a preguntarse qué intenciones tienen.

Estas diferencias de comportamiento tienen muchas causas e incluso podemos decir que el niño es ingenuo, pero lo cierto es que el adulto ha aprendido a interiorizar sus pensamientos y a desconfiar de los demás. Aunque este comportamiento es esperable, no puede considerarse normal. Los adultos tardan mucho en confiar y esto dificulta las interacciones, razón por la cual muchas personas viven solas. Sin embargo, el desconocimiento de este hecho hace que las personas se aíslen aún más de lo que deberían, al menos en muchas culturas del mundo modernizado. Como resultado de pasar más horas interactuando con algoritmos y menos con personas, las masas se obsesionan aún más con sus propias creencias, simplemente porque el mundo virtual replica constantemente lo que les gusta hacer, lo que exige más interacción y atención.

Si invertimos este paradigma y consideramos cómo cambia el individuo a través de la interacción con los demás, veremos que la dificultad del cambio surge como cristalización de lo que ya existe: sus creencias interiorizadas sobre sí mismos, los demás y el planeta. El resultado de este estado mental es que cada vez más personas actúan con arrogancia y, al mismo tiempo, son testarudas respecto a las cosas que creen que son verdad. Es como decir que, como conoces tu casa, conoces el resto del mundo. La gente asume entonces que tiene razón porque sus resultados en la vida son siempre los mismos, en lugar de darse cuenta de que sus resultados son predecibles porque sus elecciones son siempre las mismas.

Esto tiene dos ventajas para el sistema: una es que a las personas se les lava el cerebro y se les controla fácilmente porque no quieren cambiar el paradigma impreso en sus mentes; la otra es que el individuo se vuelve predecible. Sin embargo, esta previsibilidad es beneficiosa para el sistema, pero no para el individuo, que se convierte en esclavo de su propia mente. Esta esclavitud mental se refleja en la forma en que las personas procesan la información. Por ejemplo, siempre me preguntan cómo puedo hacer amigos fácilmente en cualquier país, y la respuesta suele sorprender a la persona que pregunta. Como la gente está obsesionada con su propia visión del mundo, nunca se da cuenta de que la única manera de hacer nuevos amigos es hacer algo diferente de lo que hacen los demás. La respuesta sencilla es crear el caos. Hay que crear el caos en la realidad de los demás para cambiar su comportamiento. Esto significa iniciar conversaciones con desconocidos, organizar tus propios eventos y explorar nuevas formas de pensar que se ajusten a las tendencias que observas.

Por supuesto, la gente puede sentirse ofendida por tu comportamiento y confundida por tus intentos de hablar con ellos, pero eso forma parte del proceso y no todo el mundo reaccionará de la misma manera. Al comparar las distintas reacciones, podrás encontrar una estrategia mejor y adaptarte a ella. Sin embargo, la mayoría de las personas se creen algo que no es cierto y acaban por convertirlo en parte de su personalidad. Y cuando algo no funciona, se inventan una razón. Esto se llama racionalizar observaciones que pueden ser ciertas o no. A menudo, la gente se conforma con una respuesta, aunque no resuelva nada.

Esto me recuerda un incidente con un viejo amigo. Todos los chicos de nuestro grupo de amigos estaban interesados en ella y le prestaban atención constantemente, sobre todo uno que siempre me insultaba con chistes malos y la llevaba a su casa. De hecho, pensé que eran pareja cuando los conocí, pero no fue hasta más tarde cuando me di cuenta de que su comunicación no verbal demostraba que no eran pareja y de que ella no estaba interesada en él. Él no tenía absolutamente ninguna influencia, aunque realmente creía que estar a su lado y llevarla a dar una vuelta por la ciudad en su coche daría como resultado algo. Entonces ella empezó a mostrar signos de que estaba interesada en mí, mientras que todos los demás en el grupo no podían ver lo que estaba pasando. Surgieron cosas entre nosotros, pero cuando el resto del grupo nos vio juntos, se escandalizó y algunos incluso dijeron: «¿Cómo ha pasado eso si apenas os hablabais?». Básicamente, yo interpretaba la comunicación no verbal, que me daba mucha más información que lo que la gente decía o veía.

Capítulo 11 – La poca importancia de lo que dice la gente

Generalmente, lo que dice la gente es mentira o completamente irrelevante. La gente habla para sentirse importante, no porque tenga algo que decir. Es más probable que expresen inseguridades y necesidades en su forma de hablar que que digan algo a lo que merezca la pena responder. E incluso si responhes a lo que dicen, suelen estar tan obsesionados consigo mismos que no prestan atención a lo que dices, a menos que puedan utilizarlo para parecer más importantes en la conversación. Luego viene burlarse de los demás. Es una forma infantil de que las personas inseguras se sientan validadas en un grupo y a menudo tiene más que ver con lo que sienten que con lo que pueden ver.

La mayoría de la gente en realidad no puede ver nada, solo puede hacer suposiciones. La gente no sabe nada, pero hace muchas suposiciones. Todo el mundo tiene una opinión sobre cosas de las que no sabe nada. Para mi sorpresa, muchas personas que nunca han escrito un libro en su vida, que nunca han trabajado para una editorial, quieren darme consejos sobre cómo escribir libros y se ofenden cuando tacho lo que dicen de tonterías absolutas. Piensan que lo que ellos creen, basándose en la opinión popular, es más cierto que mi propia experiencia vital o el dinero que gano con lo que sé.

Siempre que sales de tu zona de confort, inevitablemente te enfrentarás a idiotas que defenderán furiosamente tu derecho a no haberlo hecho nunca. «Te equivocas porque aquí todo el mundo está de acuerdo conmigo» es probablemente la cosa más estúpida que he oído decir a nadie. Sin embargo, tenía más de 70 años, lo que demuestra que la gente puede ser estúpida toda su vida y no aprender nada que justifique su existencia en este planeta. Cuando ves a la gente por lo que es, y no por lo que dice, ves mucho más detrás de sus máscaras, y entonces te odian de verdad. ¿Por qué no habrían de hacerlo? Sacas a relucir sus inseguridades. Pero la verdad es que su mera existencia es un insulto para todos los demás, porque no significan nada. No son más que falsas réplicas de lo que admiran y quieren emular; no son personas reales. No tienen identidad propia. A menudo, ni siquiera pueden explicar sus propios sentimientos. Esto se debe a que la mayoría de sus emociones están provocadas por creencias e inseguridades inconscientes, no por acontecimientos racionales de su vida que las justifiquen.

Ver cómo los europeos me miran horrorizados mientras me tomo un café espresso es tan difícil como intentar explicárselo a otros europeos que se niegan a creerme. Es difícil hablar de comportamientos locos en un mundo que los locos consideran normal. Cuando lo muestras, la gente crea nuevas ilusiones para negar lo que muestran sus ojos. No pueden ver nada con su conciencia limitada. La gente es tan estúpida que puedes repetir la misma frase una y otra vez y seguirán haciendo lo que quieren, así que a menudo es una completa pérdida de tiempo intentar explicar algo a alguien que simplemente es demasiado estúpido. Puedo repetir dos veces que la persona que tengo al lado no es tailandesa, pero si mi interlocutor cree que lo es, intentará hablarle en tailandés para confirmar su opinión. Lo mismo ocurre cuando turcos o serbios insisten en hablarme en su lengua materna, incluso después de que les diga que no les entiendo. Mucha gente en este planeta es muy estúpida. Por eso necesitamos robots, no para sustituirlos, sino para tener un poco de sentido común e inteligencia básicos en un mundo donde no los hay y la mayoría de las personas no son más que autómatas que funcionan mal e insisten en datos falsos.

Los seres humanos son inútiles para los trabajos más simples debido a su estupidez. La mayoría son retrasados mentales y no tienen derecho a ningún trabajo, ni siquiera a servir café. He visto muchas veces que ni siquiera pueden recordar un pedido sencillo y, lo que es peor, no admiten que se han equivocado. En países como Lituania y Macedonia del Norte, la gente es tan estúpida que puedes decir cualquier cosa y te responderán de otra manera. En Lituania, los pasteles que pedía solían venir con pelo por encima porque les daba igual. Me pregunto cómo de enferma mental debe estar una persona para poner una tarta con pelo en un plato y entregársela así a un cliente. Es increíble. Los lituanos están increíblemente locos. Pero es imposible decir estas cosas a gente que vive en su propio mundo, porque no solo no lo ven, sino que lo interpretan como un ataque a su país. Cuando les digo a mis alumnos chinos que su país tiene un aire terrible, me contestan que solo lo sufren los extranjeros, como si sus delirantes cerebros comunistas estuvieran adaptados a respirar niveles tóxicos de contaminación y su gente no se muriera de cáncer. Es difícil entender a los estúpidos cuando luchan por el derecho a seguir siendo estúpidos.

Capítulo 12 – Cómo la percepción determina nuestras vidas

Los que no ven mucho siempre se asombrarán de lo que pueden lograr los que sí ven, porque en realidad no tienen ni idea de cómo funciona la vida. La mayoría de las personas son tan increíblemente estúpidas que constantemente crean su propio karma a diario y no pueden verlo. Solo pueden ver las reacciones de los demás a su comportamiento, nunca lo que están haciendo mal, porque son incapaces de sentir empatía o ver las cosas desde diferentes ángulos. Los polacos son un ejemplo perfecto de esta mentalidad. Nunca he visto gente tan maleducada y estúpida como los polacos.

Por otra parte, su vida debe de ser molesta y ofensiva para los demás si quieren tenerla. Quienes rompen las nociones preconcebidas siempre se ganan enemigos, primero entre la gente que conocen y luego entre los desconocidos. Y a menos que consigas crear el caos en tu entorno, acabarás conformándote con las expectativas de los demás. El miedo a lo que piensen los demás es el atajo más rápido para no llegar a ser nadie digno de consideración ni hacer realidad ningún sueño. Alinearte con las expectativas de los demás es lo último que deberías desear, porque siempre te hará infeliz. Puedes hacer más por ti mismo creando desacuerdos. De hecho, nunca tendrás desacuerdos con quienes no están decididos a detenerte, porque ellos mismos están alineados con tus necesidades y no eluden sus responsabilidades.

Cuando no hay desacuerdos, las personas racionalizan lo que observan para dar sentido a sus vidas y creen que debes tener un truco para obtener los resultados que ellos no pueden o que, de alguna manera, puedes manipular a los demás para que hagan lo que tú quieres. Cualquier cosa que salga de tu zona de confort siempre es un gran misterio mágico o, en el mejor de los casos, un fraude. La mayoría de la gente no ve cómo su visión de los demás se refleja en los resultados de su propia vida.

La terquedad de la gente también se aplica a la búsqueda de empleo. Como he visto muchas veces, la gente se niega a creer cualquier cosa con la que los demás no estén de acuerdo, aunque pueda poner en peligro su propio futuro. Cuando intenté explicar a mis alumnos cómo debían comportarse para encontrar trabajo, hicieron caso omiso de lo que les dije. Incluso intenté decirles que había dirigido muchas empresas antes de trabajar como profesor universitario, pero probablemente pensaron que mentía. Los demás profesores no tenían experiencia en nada que podamos imaginar, ni siquiera en la enseñanza. Así que, cuando hablamos de perspicacia, obviamente también hablamos de eficacia y pragmatismo. Si la gente no ve lo obvio, no solo es estúpida, sino incompetente para sobrevivir. Si la gente no se da cuenta de que un consejo aumentará sus posibilidades de supervivencia, de que así conseguirán un mejor trabajo y más ingresos, sencillamente no es lo bastante inteligente para sobrevivir. Y, desgraciadamente, como el sistema está diseñado para que la gente se sienta parte de una estructura controlada por otros, también conduce a este retraso. Por eso es necesario el caos para que se produzca la evolución, aunque sea forzada por colapsos financieros y guerras.

Otro problema de las personas con retraso mental es que, como no pueden distinguir entre una creencia y un hecho, insisten en sus creencias para proteger su autoestima, ya que piensan que es más importante que su supervivencia. Esta es otra consecuencia de la mentalidad de oveja creada por un sistema jerárquico.

Durante un tiempo, pensé que la forma de pensar de las personas o sus razones podían tener causas diferentes según su origen cultural, pero luego llegué a la conclusión de que se basan en los mismos principios. De hecho, en la base de la escala evolutiva, la gente piensa de la misma manera. La diferenciación viene después, cuando aprenden a pensar de forma independiente. Hasta entonces, sus decisiones son emocionales, no racionales. Por tanto, si satisfaces sus necesidades emocionales, es más probable que acepten lo que dices. Cuanto más infantiles son, más probabilidades tienen de aceptar cualquier consejo basado en vínculos emocionales.

El resultado de una sociedad retardataria es disfuncional, porque en un entorno así la gente trata mal a los clientes, se queja de cosas irrelevantes y trabaja lo menos posible. Cuando votan o toman una decisión importante, votan a quienes les prometen más felicidad, aunque lo que digan estos líderes sea completamente ilógico e incluso peligroso.

Capítulo 13 - La toma de decisiones y la ilusión de la lógica

Las decisiones importantes relacionadas con quién debe estar al frente del poder, al igual que las decisiones que se toman en las entrevistas de trabajo, están motivadas por la necesidad de satisfacer necesidades emocionales. Intenté explicárselo a mis alumnos, pero estaban demasiado obsesionados con sus propios apegos emocionales como para reconocer cuándo alguien intentaba ayudarles. Más tarde, se encontraron en trabajos que odiaban, mientras me decían que ojalá tuvieran mi vida. Este ciclo se repite en todas partes y durante muchas generaciones. Por eso pensé que enseñar era una completa pérdida de tiempo. La gente es demasiado estúpida para que le enseñen.

Aunque al principio creía que los universitarios serían más independientes y capaces, es todo lo contrario: son los peores, porque ya están completamente adoctrinados por las costumbres de la sociedad. Están perfectamente adaptados a un mundo que no existe, así que no es de extrañar que tantos universitarios acaben en el paro.

Una de las clases más desaprovechadas que he dado fue en Lituania. Ofrecí a una clase de estudiantes todo lo que sabía sobre el éxito en la vida, principios que había aprendido a lo largo de toda una vida, y simplemente lo ignoraron. Muchos de ellos probablemente estaban demasiado centrados en mi aspecto y color de piel como para preocuparse, ya que parecían demasiado racistas y estúpidos como para escuchar una palabra de lo que les estaba explicando. Como ellos, la mayoría de la gente de este planeta es completamente inútil. Sus ojos no ven nada y sus oídos no oyen nada. El único rayo de esperanza para la humanidad reside en los niños, pero si sus padres les impiden aprender de forma más eficaz y les llaman estúpidos por hacer las preguntas adecuadas, todos sus esfuerzos resultarán vanos.

Además, a menudo los padres desaprueban a los profesores que intentan educar a sus hijos de forma más eficaz porque no están de acuerdo con sus métodos. Al hacerlo, estos padres ponen en peligro el futuro de sus propios hijos al reproducir un sistema ya disfuncional. En lugar de hacer de sus hijos mejores adultos, los hacen tan inútiles como ellos.

Nuestras emociones tienen una razón de ser, pero no son el aspecto más importante a la hora de tomar decisiones de forma eficaz. De todos modos, utilizamos nuestras emociones sin darnos cuenta, impulsados por el miedo y el trauma. Sin embargo, como las personas se dejan llevar fundamentalmente por sus emociones y se basan en los aspectos irracionales de su mente, es decir, en experiencias que han olvidado pero que siguen afectando a su proceso mental y a su capacidad para tomar decisiones congruentes y lógicas, filtran toda su realidad basándose en estos aspectos irracionales. Muchas de las creencias que tienen las personas no tienen ningún sentido, pero no pueden verlo, ni siquiera cuando se lo mostramos, y eso es lo que significa ser inconsciente.

Esta situación puede observarse en diversos aspectos de la sociedad, como la política, la educación y la religión. Por ejemplo: «Lo hago así porque todo el mundo está de acuerdo en que debe hacerse así». Y, aunque no podemos ignorar el hecho de que la forma en que reaccionamos emocionalmente afecta a la forma en que nos perciben, es decir, que necesitamos crear una comunicación empática para que nos entiendan, es difícil empatizar con los idiotas que hay entre nosotros. No son conscientes de su propia falta de conciencia, pero insisten en que el problema eres tú, no ellos.

Un ejemplo de esto fue una situación en Grecia en la que alguien seguía cometiendo errores con mi billete de ferry y seguía diciéndome que yo era el problema, a pesar de que los mensajes mostraban claramente que no había leído nada correctamente. He visto lo mismo en muchos otros países, donde la gente da por hecho mucho de lo que lee, pero ni siquiera entiende lo que lee. Así de lejos están de la realidad. No pueden enfrentarse a las palabras y hacen suposiciones sobre lo que no está escrito.

Todos conocemos a personas que suponen cosas que nunca hemos dicho porque así es como su cerebro fabrica una realidad, como si los demás no fueran más que objetos en esta película mental. Cuanto más bajo está alguien en el espectro de la conciencia, más propenso es a hacer suposiciones. Por eso, las personas con enfermedades mentales siempre perciben amenazas donde no las hay, como cuando las señoras británicas se agarran la cartera cuando estoy cerca de ellas o huyen de mí cuando voy andando, como si yo fuera una amenaza para su existencia. Muchas personas tienen problemas mentales que van más allá de cualquier comprensión lógica.

Por estas razones, cuando hablamos de comunicación empática y de sentir empatía por otra persona, debemos ser conscientes de que estas actitudes no deben aplicarse por igual en todos los casos. El enfermo mental medio percibirá estas cualidades como amenazas, mientras que un psicópata las verá como debilidades que explotar. Como sabe el psicópata, todo el mundo tiene botones emocionales que se pueden pulsar y, si una persona es más empática, sabe que es más probable que esté de acuerdo con lo que se dice, incluso con una mentira. Los políticos hacen esto todo el tiempo para conseguir votos. Si haces lo mismo en una entrevista de trabajo, conseguirás el puesto, aunque no estés cualificado para él. Esa es la razón por la que los psicópatas no tienen problemas para conseguir trabajo y a menudo se encuentran en puestos directivos. El departamento de recursos humanos, en particular, suele estar lleno de psicópatas. Ahí es donde empiezan los problemas de una empresa con sus empleados.

Capítulo 14: Trabajar por un mundo mejor

Si eres una persona muy racional, estarás en desacuerdo con un mundo que se niega a pensar y dirá que piensas demasiado. A las personas emocionales no les importa la razón, porque se dejan llevar por la emoción: la necesidad de placer y evitar el dolor, o la necesidad de comodidad y evitar la incomodidad. Pueden odiarte solo porque el color de tu piel les incomoda, como me ha ocurrido en toda Europa. Es más, si no sonríes a la gente, no intentas empatizar con ellos o no respondes a ciertos botones sociales, la gente simplemente te odiará, aunque no hayas hecho nada para justificar este comportamiento. Si no me crees, prueba a pasearte por la sociedad hablando normalmente, pero sin empatizar nunca con nadie, sin sonreír, sin hablar de intereses comunes, y verás.

Esto nos demuestra que las personas siguen en gran medida en su estado animal, no en el estado humano del camino evolutivo. No utilizan la racionalidad, salvo para asimilar las amenazas de su entorno, que perciben en gran medida a través de sus sentidos ilusorios. La idea de que necesitamos mostrar emoción para empatizar no es un signo de evolución, sino lo contrario: una demostración de falta de cualidades intelectuales suficientemente desarrolladas. Demostrar que no somos una amenaza para quienes nos ven como tales no tiene nada que ver con el civismo, sino todo que ver con sucumbir a la presión de un enfermo mental. Esto es muy evidente cuando alguien afirma que sufro racismo por el color de mi ropa. Es ridículo justificar el comportamiento de un enfermo mental y permitir que se le considere normal. El hecho de que la gente vea las cosas como normales cuando no lo son perpetúa la anormalidad del mundo.

La razón por la que los científicos etiquetan estas cosas como comportamiento humano normal es tan relevante como la asociación del comportamiento humano normal con el comportamiento de las ratas, que analizan sistemáticamente para comprender a los seres humanos. Sin embargo, a la ciencia, y en particular a la psicología, solo le interesan las teorías desarrolladas a partir de lo observable, porque ahí es donde está el dinero, y los científicos trabajan por dinero, no gratis. Así pues, el estudio de significados más profundos es irrelevante para ellos y queda relegado al ámbito de la filosofía o la religión. Equiparan lo que no pueden medir no con su propia ignorancia, sino con el ámbito de las creencias culturales.

La ciencia, sin embargo, no es más que una de las muchas formas en que la gente aplica sus propias creencias, razón por la cual la evolución parece tan lenta y difícil, especialmente para los que están en primera línea tratando de empujar a todos los demás hacia un mundo mejor. No hay interés por un mundo mejor porque ni siquiera existe la creencia de que sea posible, ni un esfuerzo coherente por hacer que esa posibilidad sea relevante. La gente está demasiado preocupada por sus vidas mezquinas y por su necesidad de reputación y validación como para preocuparse por un mundo que quizá nunca vea mejorar. Un mundo en el que los esfuerzos por cambiar se topan con la resistencia de las personas que pueden beneficiarse de esos cambios, por no hablar de las que los sufrirán. No importa lo innovador y creativo que seas, lo duro que trabajes, porque el resto del mundo siempre intentará detenerte, frenarte, hacerte retroceder o, literalmente, matarte si presionas demasiado y se sienten amenazados. Por eso tantos médicos holísticos, con curas de enfermedades extremadamente lucrativas, acaban muriendo en aparentes suicidios.

Muchas figuras importantes de nuestra historia también han sido asesinadas por ser demasiado exigentes. Se les llamó codiciosos, cínicos y demasiado polémicos. Son palabras que la sociedad utiliza cuando se siente molesta por las personas que piensan demasiado. De hecho, cuando sabes mucho más que los demás, más que todos los idiotas que no saben nada y están llenos de aire, te dicen que pienses menos, que vayas más despacio, que te relajes más. Eso es lo que la gente me dice todo el tiempo, no porque piense demasiado, sino porque son demasiado estúpidos: no piensan y no entienden lo que digo. El hecho de que yo piense más que ellos les molesta. Y el hecho de que yo lea mucho más que ellos les irrita, porque pone al descubierto su ignorancia. Sin embargo, nunca me han dicho que no entendiera lo que decía. Lo que suelen decir es que hay demasiada información para que la entiendan o que tienen que leer mucho cuando escribo.

Muchas de estas personas buscan atajos, respuestas a preguntas complejas que no requieran mucho estudio y asimilación o, en el mejor de los casos, respuestas que se ajusten a sus propias expectativas. En otras palabras, transfieren el problema a otras personas, como si ellos no fueran demasiado estúpidos para resolver sus propios problemas, sino yo, por no tener respuestas más sencillas o que se ajusten a sus expectativas.

Capítulo 15 – Resistencia al cambio y evolución

Las personas tienen una programación cerebral que les impide cambiar: una mentalidad primate de seguir lo conocido en lugar de evolucionar. Lo cierto es que se puede juzgar a una persona por el entorno en el que vive, porque se adapta rápidamente a él. De hecho, una encuesta de la U.S. Travel Association reveló que alrededor del 40 % de los estadounidenses nunca han viajado al extranjero. En Canadá, una encuesta de Ipsos Reid reveló la misma cifra: alrededor del 40 % de los canadienses nunca ha realizado un viaje internacional. Según una encuesta del Foreign & Commonwealth Office, alrededor del 35 % de los adultos británicos nunca han viajado al extranjero. Además, se calcula que alrededor del 50 % de los habitantes del Reino Unido viven a menos de 32 kilómetros de su lugar de nacimiento. Si estas son las cifras de algunas de las naciones más ricas, podemos calcular fácilmente que la mayoría de la población mundial no conoce absolutamente nada del planeta en el que vive.

Según la Organización Mundial del Turismo de las Naciones Unidas (OMT), en 2018 se produjeron aproximadamente 1400 millones de llegadas de turistas internacionales en todo el mundo. Sin embargo, esta cifra representa solo una fracción de la población mundial, lo que indica que una proporción significativa de personas nunca ha viajado al extranjero. La mayoría de la gente sigue viviendo como campesinos medievales. No saben casi nada, salvo lo que se les permite saber. Además, muchos no leen, no se educan y ridiculizan a los que sí lo hacen. Esto no tiene ningún sentido. Es como si nos ridiculizaran por haber evolucionado a partir de un grupo de monos que deciden vivir en el mismo árbol y comer plátanos para siempre.

La verdad es que, cuanto más tonta es una persona, más espera que las cosas sean sencillas, porque espera que su propio mundo lo sea. No quieren inconvenientes, no quieren cambios y lucharán por el derecho a no cambiar. Las guerras tienen que ver con no querer cambiar; de lo contrario, sabrían que pueden hacer las maletas, mudarse a otro lugar y empezar de nuevo. De hecho, es ridículo echar de menos un país que no tenía nada que ofrecer antes de que empezara la guerra y que, de todos modos, no iba a ir a ninguna parte. Si eres empresario, escritor, pintor o incluso músico, tienes que querer cambiar de entorno si quieres mejorar, porque es literalmente imposible tener sentido como individuo mientras estés reducido al espectro de la realidad visible que te rodea. Todos los grandes pensadores valoraban la complejidad, que surge de explorar lo que no sabemos.

Uno de los errores más comunes que comete la gente es asimilar todo lo que quiere a lo que necesita y, en su arrogancia, creer que la riqueza debe corresponder a comprar una casa grande donde nacieron, tener un despacho que enseñar a los demás e ir a lugares que los demás consideran signos de validación social. Una vez conocí a una mujer que me dijo que quería visitar las Maldivas, pero vivía en el centro de Europa, a un viaje en autobús y unas horas de varios países, y nunca había estado en ninguno de ellos. ¿Y por qué visitar las Maldivas y no los países de alrededor? ¡Validación social! Es la misma razón por la que la gente quiere escribir un libro sobre tonterías.

Lo interesante es que, como la gente tiende a complicar en exceso sus suposiciones basadas en sus creencias, no pueden ver las respuestas más sencillas que tienen delante, ya sea un libro que nunca leerán ni se planteen leer o un autor al que se niegan a escuchar porque no les gusta lo que dice y les hace sentir incómodos. Pero, como siempre digo a quienes tienen grandes sueños, todo sucede paso a paso. No es posible comparar mis resultados como escritor con los de una persona corriente, porque he pasado toda una vida preparándome para esto, incluso sin saber que esta sería mi carrera. Sin embargo, las personas que no tienen una experiencia vital significativa, y solo un gran ego que tener en cuenta, pueden compararse con alguien que ha trabajado toda su vida como profesor universitario, consultor de empresas y experto pedagógico. ¿Qué sentido tiene eso?

La gente es tan ilusa y arrogante que cree que existe un atajo para adquirir tanta técnica, conocimientos y experiencia vital. ¿Y cómo es posible destilar miles de libros en una conversación de cinco minutos? La gente cree que es posible, por eso insisten en ello y luego dicen que hablo demasiado cuando respondo, ¿por qué iba a hablar demasiado, a no ser que no estuviera interesado en darles las respuestas que no querían oír por mi forma de actuar?

La actitud de una persona lo dice todo sobre ella, y la mayoría de la gente simplemente no tiene la actitud de alguien comprometido con sus objetivos. Nuestra actitud es un reflejo de nuestros pensamientos, que controlan nuestras decisiones y acciones. La coherencia entre esos pensamientos y los resultados determina los resultados financieros de una persona e incluso su salud. Si no te gusta la fruta y la verdura, probablemente tendrás caries, cáncer y Alzheimer.

Capítulo 16 – La desalineación de las expectativas

El dinero es un medio de transacción y, como tal, va allí donde el flujo es mayor. Ese flujo viene determinado por la atención y el valor social, razón por la cual se vende más papel higiénico que libros. Sin embargo, decir que el papel higiénico es más importante que los libros sería absurdo. Por eso, la lógica y la popularidad no siempre coinciden con el valor real y el valor no siempre refleja los objetivos financieros. Es más probable hacerse rico resolviendo problemas que la gente quiere resolver que escribiendo libros que nadie quiere leer, aunque esos libros proporcionen las respuestas que la gente necesita.

Por esta razón, la riqueza no está relacionada con la iluminación espiritual. Cuando alguien me pregunta cuánto dinero gano vendiendo libros espirituales, está partiendo de una perspectiva equivocada y me demuestra lo ignorante que es sobre la realidad, el dinero y la espiritualidad. De hecho, no llegarás a mucha gente con temas espirituales a menos que estén predestinados a aprenderlos, lo que significa que ya han alcanzado un cierto nivel de conciencia que les hace estar preparados para estos temas. Así que la idea de que cuando el alumno esté preparado, aparecerá el maestro es tan válida para los libros como para la terapia, porque los que buscan un terapeuta tienen la decencia de reconocer que tienen problemas que resolver, mientras que los que están demasiado locos para ser conscientes de sí mismos nunca lo harán. Igual que los que no leen son los que más necesitan leer, los que creen que no necesitan terapia son los que más la necesitan.

El problema es que las elecciones que hacemos conducen al mundo que todos tenemos que atravesar, experimentar y llamar realidad. Así, estamos atrapados en una sociedad de personas incompetentes e irracionales que actúan por instinto, como animales salvajes. Una sociedad en la que todos quieren pagar por trocitos de papel para limpiarse el culo, pero nadie quiere un trozo de papel para limpiarse el cerebro de la mierda que hay en él y que apesta, porque no pueden ver lo feo y sucio que es. Pero lo cierto es que los racistas, nacionalistas y xenófobos probablemente no aprendieron nada en sus clases de historia y necesitan mucha educación. Los maleducados, los chovinistas y los narcisistas necesitan mucha terapia porque no saben nada de sí mismos. Y el resto, que ni siquiera se pueden clasificar, están tan perdidos que probablemente tendrán que pasar por la muerte para aprender algo útil, porque no entenderán nada de espiritualidad, aunque lo intenten.

Cuando Buda, hace más de dos mil años, dijo que había que practicar el desapego a través de la meditación para superar el dolor, no estaba diciendo que hubiera que ser apático ante él, sino que hay que conocerse a uno mismo para saber cómo uno se causa su propio sufrimiento. Esta práctica requiere introspección y, en el pasado, la gente lo hacía a través de la meditación. Hoy en día, disponemos de muchos otros métodos que permiten hacerlo, pero mucha gente sigue negándose a utilizarlos. Sin embargo, si más personas fueran conscientes de lo estúpidas que son, probablemente sentirían la necesidad de leer más.

Sin embargo, los muy ignorantes no tienen conciencia de sí mismos y, por eso, no hacen nada al respecto. Mientras tanto, la vida tal y como es no les presiona lo suficiente como para sentir la necesidad de aprender e invertir en su propia educación, ni siquiera cuando están absorbidos por diversas presiones y sufrimientos. En consecuencia, no les gusta pagar por los libros, pero no tienen ningún problema en pagar por botellas de agua, a menudo llenas con la misma agua de la cocina. También dicen no tener dinero para comida, pero gastan lo poco que tienen en cosas frívolas. De hecho, la gente se preocupa demasiado por el precio de la carne y poco por el de la fruta, porque no se alimenta correctamente. Quizá esta sea una de las mayores señales de que los animales, como mínimo, son más inteligentes en lo que respecta a su salud. Hace falta un cierto nivel de conciencia para darse cuenta de la importancia de estas cosas, y mucha gente está muy perdida. Sin embargo, piensan que la motivación resolverá sus problemas, como si un loco con determinación fuera mejor que un tonto sin ninguna.

En este sentido, el psicópata tiene ventaja, porque al menos reconoce que el conocimiento le da ventaja sobre los demás. El problema del psicópata es que no se le da muy bien la coherencia, así que busca atajos. La necesidad de respuestas cortas es una tendencia psicopática en nuestra sociedad, porque solo una persona sana buscará comprender más profundamente, no solo obtener soluciones rápidas a la vida y tener una ventaja sobre los demás. Cuanto más enferma mental es una persona, menos capaz es de asimilar diferentes puntos de vista. Por eso, no quieren hacer el esfuerzo de empatizar y comprender puntos de vista diferentes, como leer mucho.

De hecho, es lógico que muchos empresarios contraten a psicópatas para dirigir sus empresas porque quieren obtener mayores beneficios en menos tiempo. Sin embargo, tampoco es sorprendente que esos mismos psicópatas lleven a sus empresas a la quiebra después de haberles ayudado a obtener beneficios. Pensamos que estas cosas ocurren debido a las fluctuaciones económicas y del mercado, pero no conectamos los dos elementos: psicópatas y fluctuaciones del mercado. Sin embargo, el futuro de una empresa, al igual que el de un país, puede predecirse con exactitud en función del carácter de las personas que toman las decisiones más importantes.

Capítulo 17 - El aislamiento de los desarrollados

El mayor problema, a menudo invisible para quienes saben pensar pero no comprenden este mundo, es que está dirigido, en su mayor parte, por psicópatas y retrasados. Quienes son normales y viven una existencia organizada y previsible se enfrentan constantemente a una envidia oculta tras justificaciones que a menudo no tienen correlación con los hechos. En este mundo, las personas más compasivas, cariñosas, empáticas e inteligentes son vistas como débiles, ingenuas y constantemente empujadas por el resto de la sociedad como si fueran inferiores, ineficaces e incluso inútiles. Lo contrario es cierto, pero no se puede esperar que tanto los psicópatas, que no pueden manipular y controlar a estos individuos, como las grandes masas de retrasados mentales, que valoran sus emociones por encima de los resultados, incluso cuando esos resultados afectan a su propia supervivencia, vean estas cosas.

El único camino para aquellos más evolucionados que el resto de la especie humana será el mismo al que se han enfrentado durante el último millón de años: abandonar su tribu (que es otra palabra para familia y cultura) y experimentar la soledad, comenzando una nueva vida con una familia o por su cuenta.

El punto común de todas estas historias es la reciprocidad, porque una creencia solo es eficaz si hay reciprocidad. Si tienes conocimientos, creencias y una conciencia de la vida avanzada, pero no te aceptan, no hay reciprocidad, por mucha razón que tengas, y eso es lo que te aísla. Este fue el problema al que se enfrentaron grandes inventores como Nikola Tesla. En esencia, Tesla no era bueno en la comunicación empática porque no se centraba en ella. Su enfoque era mucho más evolucionado, ya que miraba al futuro, no a las necesidades emocionales de los demás. Como resultado, murió solo en una habitación de hotel, con solo palomas como amigas, viendo cómo el mundo cambiaba ante sus ojos a través de sus inventos, sin que su nombre fuera reconocido. Qué existencia más triste, pero también muy demostrativa del tipo de mundo que tenemos. Tesla no era ignorante; simplemente, estaba muy avanzado para su época.

En un mundo de tontos, los tiranos y dictadores tienen más probabilidades de obtener reconocimiento y respeto, razón por la cual tantos psicópatas se han aprovechado de esta estupidez masiva para llevar al mundo a una mayor ignorancia, abusos y guerras que han matado a millones de personas. Los inventos de Nikola Tesla podrían haber causado una gran revolución en el mundo, pero significaron el fin de los beneficios del petróleo, el gas y la electricidad. Sería un mundo nuevo, con igualdad de oportunidades, en el que los banqueros que patrocinaron los nuevos inventos ya no aumentarían su riqueza y en el que nadie podría controlar el suministro de energía. Este mundo se desarrollaría con extrema rapidez, porque no tendríamos una o dos naciones dominando al resto, sino todo el planeta contribuyendo al mismo progreso. La gente no estaría tan obsesionada con satisfacer sus necesidades básicas de comida y agua, sino que invertiría en su educación y en el progreso del planeta.

En un mundo así, las jerarquías ya no tendrían sentido, pues resultarían inútiles. Por esta razón, los psicópatas, movidos por la codicia, se aseguraron de que ese mundo nunca existiera y, desde entonces, han mantenido alejada de la gente corriente cualquier visión de esa realidad. No pueden haber guerras a menos que la gente sea demasiado estúpida para darse cuenta de por qué ocurren y quién se beneficia de ellas, y ese es el caso general. Así fue en el pasado y así sigue siendo en la actualidad, como demuestran las guerras recientes.

Por ejemplo, la gente no se da cuenta de que Estados Unidos financió y entrenó a organizaciones terroristas, como el ISIS y otros grupos extremistas, para ayudar en la guerra capitalista contra los gobiernos que se oponían a los intereses estadounidenses y europeos. Cuando Estados Unidos decidió que era más rentable financiar a ambos bandos de los conflictos, decidió enviar a sus propios soldados a morir, porque una vida humana resultaba demasiado barata en comparación con los miles de millones que se podían ganar con el comercio de armas. Las masas, a las que se les ha lavado el cerebro con lo que leen y ven, creen que hay una guerra contra el terrorismo, cuando en realidad lo que está ocurriendo es la destrucción total de Oriente Próximo y la transformación de naciones democráticas en tiranías absolutas en favor de los ideales europeos y norteamericanos. Las víctimas pobres y sin hogar de estas guerras tienen que buscar asilo en naciones que las tratan con absoluto desprecio y racismo, mientras ganan un salario, a menudo inferior a la media de la población de esas naciones, solo para seguir con vida.

Cuando Rusia decidió defenderse de una inminente invasión estadounidense a través de Ucrania, las masas, una vez más, eligieron ser estúpidas y exigieron el fin de esa guerra, a pesar de que nunca lo han hecho en ninguna de las otras treinta guerras emprendidas por EE. UU. y la OTAN sin otra razón que su propia codicia. Por si fuera poco, las masas demostraron una vez más la facilidad con la que pueden atacar y discriminar a un grupo de personas cuando los psicópatas en el poder se lo ordenan, odiando a los rusos por su nacionalidad.

Capítulo 18: El motor silencioso de las guerras y los prejuicios

Nos hemos preguntado en el pasado cómo la gente se vuelve contra naciones y grupos enteros, y vimos cómo el mundo entero se volvió contra los rusos por su nacionalidad cuando Rusia invadió Ucrania en 2022. De repente, los rusos no podían retirar dinero de sus cuentas bancarias porque habían nacido en el país equivocado. Lo mismo ocurrió cuando Israel invadió Gaza en 2023 y la gente vio justificado el asesinato de miles de niños por razones políticas. Al hablar con personas de distintas naciones sobre los problemas del mundo y los numerosos conflictos de los que seguimos siendo testigos, me di cuenta de que no tienen ni idea de por qué las cosas suceden como suceden. A menudo, introducen en la conversación sus propias emociones y necesidades personales, como si se tratara de un argumento para encontrar lógica a sus creencias.

Los estadounidenses y los británicos hacen lo mismo, por eso no protestan contra las guerras de Oriente Medio, donde muere gente de otro color y religión. Protestan contra las guerras de Ucrania porque esa gente se parece más a lo que ellos podrían considerar un ser humano normal: blanco y cristiano. El racismo está muy vivo hoy en día porque es una característica de las personas estúpidas, y el racismo justifica muchas guerras porque está motivado por emociones personales, a menudo arraigadas en una autoimagen ilusa y una ignorancia absoluta de la historia y la ciencia. Aunque no lo digan abiertamente, la razón principal por la que aprueban unas guerras y no otras siempre está motivada por su visión emocional del mundo.

Lo mismo ocurre con la elección de compañeros de vida, ya que la gente mantiene relaciones sexuales con personas de aspecto diferente al suyo por diversión, pero solo considera a alguien que se parezca a ellos para formar una familia. Me di cuenta de que las parejas interraciales son raras porque la gente no ve el amor como una prioridad, sino como el resultado de una combinación de otros elementos que han fracasado en sus vidas. Se casarán con alguien a quien nunca consideraron si la alternativa es estar solos. De nuevo, se trata de una decisión tomada por deseos egoístas, no por amor.

No espero que muchas de estas personas lo admitan, y ciertamente siempre hay excepciones, pero tener habilidades telepáticas tiene ventajas que van más allá de lo que muchos en este planeta están dispuestos a admitir sobre sí mismos y su mundo. De hecho, es ridículo considerar un paraíso en la Tierra a menos que estés dispuesto a compartir tus pensamientos. Cuanto más tengas que ocultar, menos se te podrá ver como alguien preparado para una transición significativa que no signifique volver aquí y empezar todo de nuevo. Cuando puedes leer a las personas por lo que son, te das cuenta de lo mucho que se resisten a su propia honestidad. Lo hacen porque aparentar ser una buena persona es más importante para ellos que serlo realmente. Por eso muchas personas no admiten que son racistas, aunque hagan comentarios y observaciones racistas todo el tiempo.

Me recuerdan a una amiga que solía decir a la gente que era vegetariana, pero que no podía pasar un día sin comer carne. Se enfadó cuando decidí dejar de comer carne. Si eres una persona ética, cuando los mentirosos no pueden admitir sus mentiras, es tu deber desenmascararlos como mentirosos, por mucho que protesten y te llamen mentiroso por desenmascarar sus mentiras. Es más, es de esperar y bastante irónico que te acusen de hacer lo que hacen los mentirosos, porque así es como reaccionan cuando se les desenmascara.

No hay mejor contexto para juzgar el comportamiento y los valores de las personas que cuando eligen pareja. Es entonces cuando aflora gran parte de su verdadera naturaleza. De hecho, la razón por la que a muchas personas les resulta difícil encontrar un buen compañero de vida es porque no piensan en esta dinámica ni en cómo aplican sus propias ilusiones a su comportamiento. Lo cierto es que tanto las mujeres como los hombres buscan cierta reciprocidad cuando buscan una pareja, sean heterosexuales o no, e independientemente de sus intereses sexuales. Incluso hay hombres que creen que pueden casarse con una mujer virtual y morirían por ella si coincidiera con lo que necesitan.

Cuando se trata de humanos, esta reciprocidad suele ser más compleja e incluye el contacto visual, la comunicación no verbal, las sonrisas y las preguntas. La gente tardará mucho tiempo en darse cuenta de esto, sobre todo si piensan que la inteligencia artificial puede sustituir a su necesidad de validación cuando tienen ilusiones sobre sí mismos y ni siquiera se conocen tan bien. Hay que tener en cuenta que una persona interesada en otra hará preguntas y que, si alguien está demasiado callado, es porque probablemente no está prestando atención. Sin embargo, hay una diferencia entre ser educado y ser honesto. Una máquina de IA no será tan honesta como para causar conflictos. Pero un buen amigo debería serlo.

Capítulo 19: Las fuerzas irracionales que dan forma a nuestro mundo

La necesidad de reciprocidad y validación social comienza cuando se tiene conciencia de ciertos aspectos que corresponden a intereses o necesidades personales. Sin embargo, sin autoconciencia, la reciprocidad puede conducir a una mayor ilusión sobre uno mismo, como ocurre cuando las personas se asocian con quienes les dicen lo que quieren oír en lugar de la verdad. En el caso de los hombres, estas necesidades tienden a asociarse con la validación social y la atracción física, razón por la que pueden interesarse por una mujer de mal carácter si está bien vestida y es lo bastante femenina. En el caso de las mujeres, la validación también está asociada a aspectos físicos y sociales, pero en este caso no se atribuye tanto al género, sino a los ingresos y la posición social del hombre, es decir, a la cantidad de poder implícito o explícito que tiene.

El poder implícito puede estar relacionado con la influencia social y las finanzas, mientras que el poder explícito es la posesión real de una posición que confiere automáticamente poder. Las mujeres se sienten automáticamente atraídas por estos hombres por razones obvias en las que ni siquiera piensan, aunque se trata de un impulso biológico que existe desde hace miles de años. En una versión más primitiva de esta realidad, es evidente que estos hombres tienden a dominar y controlar. No son necesariamente los más empáticos, razón por la cual las mujeres afirman ser maltratadas en sus relaciones, a pesar de que la empatía nunca ha sido un criterio a la hora de elegir pareja.

Los hombres que se ven empujados a posiciones de poder y control tienden a ser psicópatas, pero las mujeres no lo ven así y, por eso, muchas dicen que todos los hombres son iguales. Cuando les pedí a las mujeres que dicen que todos los hombres son iguales que me describieran a esos hombres, mencionaron a un porcentaje muy pequeño de la sociedad, incluidos hombres con los que rara vez se encuentran y hombres con los que ni siquiera considerarían trabajar o tener como amigos. En esencia, la mayoría de las mujeres se sienten atraídas por los psicópatas porque desencadenan más mecanismos de atracción. En consecuencia, la mayoría de las mujeres se reproducen con el porcentaje más bajo del espectro masculino, y ahí es donde están los psicópatas. La ironía es que, cuanto más insegura se siente una mujer, más probable es que se sienta atraída por un hombre dominante, que normalmente es un psicópata. Así que cuando hablamos de violencia doméstica o de mujeres sometidas a hombres muy posesivos, en realidad no estamos hablando de desigualdad o de una guerra de género, sino de un problema muy específico.

Las mujeres inseguras se sienten atraídas por hombres posesivos y dominantes, que a su vez son más propensos a la violencia y al maltrato psicológico, precisamente porque necesitan dominar a los demás por la fuerza para sentirse válidos. De este modo, destruimos toda una sociedad porque las mujeres son demasiado emocionales en sus elecciones y eligen a los hombres más violentos, además de a hombres sin empatía. Cuando decimos que el mundo sigue repitiendo las mismas luchas, no reconocemos que esto se debe a que la gente sigue tomando las mismas decisiones y reproduciéndose por las mismas razones, perpetuando el mismo tipo de genes.

Además, la educación, en sus diversas formas, refuerza las creencias populares por razones comerciales. Es interesante observar, por ejemplo, cómo las historias de amor, desde las que se cuentan a los niños hasta las que se promueven en las novelas para adultos, siempre tratan de hombres poderosos —príncipes, reyes y hombres de negocios— que conquistan a la mujer más ingenua, solitaria y llena de sueños. ¿Ha cambiado esta dinámica la creciente independencia de las mujeres? Las estadísticas muestran que las mujeres se divorcian con más frecuencia y tienen más probabilidades de estar solas, criando a sus hijos con hombres diferentes por exactamente los mismos valores y razones. No abordar estas cuestiones puede hacernos más tolerantes, pero no juzgar lo que ocurre basándonos en los datos conocidos no cambiará los resultados.

En esencia, sea cual sea la cuestión, vemos que la dinámica del mundo ha cambiado para adaptarse a las necesidades emocionales de las personas, no porque tenga sentido. Cuando la gente dice que el amor es más importante que la razón, está diciendo literalmente que los motivos irracionales basados en emociones arraigadas en suposiciones ilusorias tienen más sentido para ellos. A la gente no le importan la lógica ni la razón, se saltan todas las reglas y cambian todas las leyes para adaptarse a sus necesidades emocionales. Por eso hay tantas leyes para las situaciones más ridículas. A medida que la sociedad se vuelva más anormal y enferma mentalmente, aumentará el número de leyes, pero no el orden. Las leyes simplemente perseguirán el caos, que seguirá extendiéndose por todo el mundo. Aunque existe una forma de organizar la sociedad de forma natural, hay muchas formas de experimentar el caos y no hay límite al número de leyes que podemos crear para reforzar un orden que nunca será comprendido ni aceptado.

Capítulo 20: Las raíces psicopáticas de la guerra y el conflicto

Los que no pueden vivir en este mundo caótico se ven abocados al aislamiento y la extinción, razón por la cual la tasa de suicidios entre los hombres de mediana edad sigue aumentando y es cuatro veces superior a la de las mujeres. A nadie le importan estos hombres. Desde luego, a las mujeres no, porque los han excluido de sus criterios de selección de pareja. A los psicópatas tampoco les importan, porque probablemente han abusado de ellos. Los psicópatas dominan por la fuerza y son codiciosos. La única esperanza para estos hombres está en ellos mismos, en su aislamiento. Por eso, tantos hombres de más de 40 años nunca se casan ni tienen hijos.

Llegamos a otra paradoja: si no te gusta la sociedad tal y como es, aun así tienes que estudiarla y asimilarla si quieres sobrevivir, superar la enfermedad mental y tener éxito. Puede que nunca estés de acuerdo con lo que piensan y hacen los psicópatas, pero aun así necesitas estudiarlos. Necesitas saber cómo ven el mundo y cuáles son sus planes para encontrar una salida al caos. Tampoco podemos ignorar la violencia que causan los psicópatas en este mundo. En un mundo lleno de psicópatas, los conflictos surgirán en la vida cotidiana y nos alcanzarán si simplemente exigimos que se nos respete, porque los psicópatas faltan al respeto todo el tiempo. Ven la cortesía como una debilidad y por eso acaban contribuyendo a este mundo.

En países como Grecia, Portugal, España, Polonia y Lituania, hay tantos psicópatas que acabamos peleándonos por las cosas más simples, porque la gente de estos países es extremadamente irrespetuosa. La falta de respeto es tan común en estos lugares que te dirán que forma parte de su cultura. En su mundo no hay lugar para los acuerdos ni para la coexistencia pacífica. Para ellos, o eres un depredador o una presa. Los psicópatas tienen una visión binaria de la realidad. Algunas de sus afirmaciones son muy reveladoras de su forma de pensar, como por ejemplo: «Si estás de acuerdo con lo que digo, es porque eres demasiado débil para tener una opinión propia». En otras palabras, no pueden ver los acuerdos como dos personas que piensan juntas para obtener el mejor resultado, sino como una persona que domina a la otra con su propio punto de vista. Por eso es inútil intentar explicar la lógica a un psicópata. No les importa la lógica, solo la dominación, y esta puede llegar por la fuerza si se dan cuenta de que eres demasiado débil para hacerles daño o demasiado educado para estar en desacuerdo. Por eso, las personalidades agradables son más propensas a sufrir abusos emocionales. Para los psicópatas no existen el sentido común, los hechos ni la lógica, solo opiniones ganadoras y perdedoras.

Los psicópatas suelen utilizar este dominio en público porque saben que muchas otras personas son tan estúpidas como para interferir en su defensa. También utilizan a otros hombres contra una persona que suele ser víctima de maltrato psicológico. Una mujer psicópata puede volverse contra su objetivo utilizando la violencia de otros hombres. En algunos casos, las mujeres psicópatas incluso utilizan la violencia física delante de otras personas, sabiendo que la sociedad intervendrá contra un hombre que reaccione en su defensa.

Aunque este tema no se ha estudiado suficientemente, no es raro que muchas guerras no hayan sido realmente iniciadas por reyes contra reyes, sino por reinas. En muchas culturas se dice que detrás de un hombre fuerte hay una mujer fuerte, pero esto es una forma de racionalizar un rasgo psicopático del mundo. Es más exacto decir que detrás de un hombre muy emocional, poderoso y agradable hay, sin duda, una mujer psicópata. Estos hombres suelen estar controlados por mujeres psicópatas y ambos se atraen mutuamente por las razones ya mencionadas, porque un hombre muy reactivo es, en esencia, un hombre muy emocional. En un mundo dominado por psicópatas, es normal que la mayoría de las mujeres se sientan inseguras y, por lo tanto, busquen hombres que las hagan sentir seguras.

Aunque se debate y se investiga mucho sobre la atracción, siempre volvemos a los mismos puntos: A las mujeres les interesan los hombres fuertes y bien vestidos porque representan fiabilidad, validación social y seguridad. También inician conversaciones con hombres que consideran de alto valor social porque han superado la prueba de validación. Se dice que las mujeres nunca se acercan a los hombres que les interesan, pero esto lo dicen mujeres que mienten y hombres que nunca han experimentado el poder. Las mujeres siempre se me acercaban y me daban su número de teléfono cuando me consideraban alguien de alto valor social, es decir, cuando viajaba, hablaba en público, iba bien vestido con traje o era popular entre mucha gente. De hecho, cuando vivía en Estados Unidos, las mujeres estadounidenses se me acercaban a menudo por mi forma de vestir. Conocí a docenas de ellas en apenas unas semanas y, en todos los casos, fueron ellas las que iniciaron la conversación.

Capítulo 21 - Los intereses personales y el futuro del planeta

He observado una correlación entre el comportamiento de selección de pareja y la inteligencia, tanto en hombres como en mujeres. En el caso de las mujeres, por ejemplo, cuando son menos inteligentes, perciben su necesidad de seguridad no por el valor de un hombre para la sociedad, sino por su fuerza física. Esto sería como si un hombre retrocediera en el tiempo e intentara ligar con una mujer medieval que trabaja en el campo, porque ella estaría claramente más interesada en un hombre que sabe usar una espada y montar a caballo que en uno que lee libros. Leer libros no tiene ningún valor en un mundo en el que la dominación viene determinada por la fuerza física y la capacidad de matar. En las naciones más pobres de Europa, estas características siguen prevaleciendo, ya que las mujeres tienden a preferir a los hombres fuertes y altos, no a los más inteligentes.

En esencia, las mujeres buscan seguridad, que encuentran en las conquistas monetarias, los atributos físicos o las cualidades mentales. Sin embargo, estas cosas varían según la región, y por eso algunos hombres pueden ser invisibles en ciertas culturas y muy atractivos en otras. Si la inteligencia es una característica irrelevante, es porque esa cultura es demasiado primitiva para valorarla y, en los países primitivos, la fuerza y la apariencia físicas priman en la dinámica social. Por eso los lituanos son extremadamente racistas y xenófobos. Puede que a la gente no le gusten quienes exponen o admiten estas verdades, pero es porque sus emociones priman sobre la autorreflexión.

A las masas no les gusta analizarse porque son incapaces de hacerlo. Esta es la misma razón por la que muchos lituanos de ascendencia rusa dicen odiar a los rusos, o por la que los españoles dicen que no les gustan los árabes, pero ellos mismos son de ascendencia árabe, o por la que los croatas y los griegos son racistas contra los turcos, a pesar de que estos formaron parte de Turquía durante el Imperio Otomano durante casi mil años. Son los mismos que se odian entre sí. Cuanto más primitiva es una civilización, más propensa es a evitar la autorreflexión sobre su propio comportamiento e incluso sobre sus orígenes. Las interacciones se rigen por el instinto, basadas en reacciones irracionales, y no por el sentido común.

No hay sentido común en las zonas dominadas por gente estúpida. Sin embargo, se puede entender fácilmente cómo piensa y se comporta la gente organizando actos sociales, cosa que he hecho muchas veces y durante muchos años en los más de treinta países en los que he vivido. Con el tiempo, verás qué tipo de personas se sienten atraídas por las interacciones sociales y por qué, y qué tipo de actos les atraen más. A medida que vayas haciendo estas asociaciones a través de la observación, descubrirás que la mayoría de la gente puede no empatizar contigo, pero los que lo hagan se convertirán en tus nuevos amigos. A menudo, las razones por las que alguien quiere o no ser tu amigo son completamente absurdas y pueden cambiar en cuestión de minutos.

Por ejemplo, los europeos, norteamericanos y británicos suelen ser egoístas y estar motivados por intereses personales, por lo que pueden ignorar a una persona que consideran de poco valor y luego empezar a sonreírle e invitarle a cenar cuando quieren algo de ella. Esto se me hizo muy evidente cuando descubrieron que viajaba mucho o que era escritor. Esto no ocurre tanto con los sudamericanos, africanos y asiáticos, porque están más interesados en hacer amistades basadas en conversaciones sobre temas que interesan a ambas partes, lo que en realidad tiene mucho más sentido desde un punto de vista humano. Por eso digo a menudo que el futuro del planeta no está en Europa ni en Norteamérica, porque no puede desarrollarse si la gente solo se preocupa de sus intereses personales, es cruel con los demás y discrimina en función de las apariencias y de sus propias opiniones o de lo que los demás puedan ofrecerles. Es una especie de mentalidad de esclavos y amos, entre colonialistas y colonizados, que ya no tiene sentido, pero que prevalece en muchas culturas.

Si eres capaz de ver estas cosas, por supuesto que los demás te encontrarán confuso, porque no entenderán a alguien que trastorna su visión organizada del mundo. Si les llamas la atención sobre su comportamiento, pensarán que estás loco porque no ven nada malo en ello. Si los rasgos culturales son demasiado intrínsecos a la visión que una persona tiene de sí misma, no los considerará erróneos porque crean un conflicto en la imagen que tiene de sí misma. Por eso los racistas se ofenden cuando les llamamos racistas, aunque actúen de acuerdo con estereotipos racistas. Por eso la gente recibe puñetazos y disparos y los países entran en guerra.

Por eso mi perspectiva de la guerra es muy diferente a la de la mayoría de la gente. Me di cuenta de que el conflicto es inevitable, de que el racismo no puede ser derrotado por la razón y de que la discriminación basada en aspectos primitivos no tiene sentido si queremos evolucionar más allá de una etapa de esquizofrenia masiva. Esa es la razón por la que la guerra contra los elementos más destructivos de la sociedad siempre está justificada. El problema es identificar cuáles son esos elementos y cómo encontrarlos, y ese es otro reto en este mundo, porque a menudo el objetivo elegido e identificado como enemigo es erróneo, pero eso es lo que son realmente la locura y la ignorancia: apuntar a objetivos equivocados por falta de sabiduría, percepción y claridad mental. Cuando las personas están profundamente locas, asesinan a los inocentes.

Capítulo 22: Liberarse de las normas culturales y evolucionar la conciencia.

No estás suficientemente evolucionado hasta que puedes distanciarte de tu propia posición en la sociedad e identificarte como el enemigo de las masas, con la luz de la razón y el progreso. Hace falta un alma muy evolucionada para poder hacer un análisis interno y separar la biología del espíritu a la hora de identificar los problemas. Por eso critico tanto a los europeos, aunque yo sea uno de ellos y obviamente no esté comparando a mis lectores europeos con el resto del continente. Esta distinción es inevitable si queremos progresar como seres humanos. También es normal que, en los niveles más altos de este progreso, dejes de ver la separación como algo que viene de abajo —banderas, territorios y colores— y empieces a verla desde arriba —conciencia, evolución de las percepciones y conocimiento—. Solo entonces se podrá esperar un mundo mejor. Hasta que no se alcance este nivel, nuestros museos no serán más que otra perspectiva de lo mismo, relacionada con el pasado, pero que representa un presente paralelo.

Lo último que quiere la sociedad es el caos, porque trastorna el sistema de creencias en el que todos están de acuerdo. Sin embargo, como líder de tu propia vida, siempre te convertirás en un elemento perturbador de la sociedad, lo que te hace impredecible y, por tanto, peligroso. La gente siempre se me acerca cuando escribo porque creen que soy impredecible. No me entienden ni entienden lo que hago. Simplemente me ven como una amenaza y, como se dejan llevar por la emoción y no por la razón, intentan encontrar razones para justificar sus propias emociones. Están fundamentalmente locos, pero no pueden verlo, y ese es otro problema al que te enfrentarás como elemento perturbador de la sociedad. Descubrirás que la gente está completamente loca, siempre justificando emociones irracionales y sin poder verlo. Así que te verás obligado a separarte de muchas personas que pensarán que eres cruel, porque no pueden ver que simplemente estás dejando ir a los que ya están mentalmente muertos.

La gran mayoría de la población no está viva, y aferrarte a ellos emocionalmente es una ilusión. Así que, cuando sufres decepción y traición, en realidad estás sufriendo por tus propias ilusiones desintegrándose en tu mente. Cuanto más consciente te vuelves, más te das cuenta de lo malvada que es la gente, porque la maldad está relacionada con la inconsciencia. Al tomar conciencia de ello, comprenderás que nunca te relacionas con personas reales, sino con cadáveres movidos por instintos animales y motivados por un nivel muy bajo de energía. Esta toma de conciencia no te hace peor persona, aunque los demás puedan verlo así. Te hace más empático y realista, porque serás capaz de ver qué individuos están despertando, y con esta habilidad serás capaz de conectar con la gente adecuada más rápidamente.

Cuando alcanzas el éxito fuera de la corriente dominante, te conviertes en una persona indeseable para quienes dependen del sistema para sobrevivir, pero también eres muy admirado por quienes necesitan más verdad y honestidad en sus vidas y te ven como una luz en su camino. Eso es lo que significa ser un iluminado. Esto se percibe a corto plazo y según la contextualización de nuestra actitud. Este fue, sin duda, el caso de los antiguos filósofos de Grecia, que reflexionaban sobre cuestiones ignoradas e incluso rechazadas por la mayoría de la gente de su época. Si tenemos en cuenta que muchos de ellos discutían sobre la felicidad, podemos deducir que este era un gran problema para su pueblo, porque eran infelices. Muchos de estos filósofos fueron expulsados de sus ciudades.

En la actualidad, el tema más discutido es el dinero, porque la gente ha descubierto que la felicidad no es suficiente, como decían estos filósofos, sino que es necesario tener sentido común. Los filósofos griegos estaban de acuerdo en que si tenías comida, una casa y una vida normal, debías ser feliz, pero hoy en día la gente no ve las cosas así. Ahora las ven como algo esencial. Antes no lo eran, eran escasas, por eso tendemos a valorar las cosas que más desvaloramos como importantes solo cuando no las tenemos. Nuestras creencias, necesidades y valores, así como nuestras culturas, son efímeras, imaginarias y ridículas, por eso solo pueden conservarse en los museos. A medida que evolucionamos, nos encontramos aislados de la cultura en la que nacimos, y eso es algo bueno; es algo que deberíamos desear, no evitar.

Por desgracia, muchas personas tienen falsas creencias sobre la vida y las decisiones que toman. Rara vez consideran que sus creencias sean erróneas. Hacerlo implicaría que su personalidad estuviera equivocada. Se trata de un ataque al ego que no quieren aceptar. Así, justificar los resultados se convierte en algo natural para ellos, que ven la culpa en los demás o algún acto delictivo en ellos. Lo hacen porque, para ellos, ser diferente es estar equivocado y estar equivocado es actuar contra la ley. Este paralelismo se puede ver a lo largo de la historia. Por ejemplo, algunas personas me odian porque saben menos que yo. En lugar de asumir que son demasiado ignorantes, piensan que obtengo mi información de alguna agencia secreta y que no debería saber más que ellos. En el pasado no muy lejano, muchas personas que sabían más fueron encarceladas, torturadas y asesinadas solo por saber más que la mayoría. Ahora, se les discrimina por la misma actitud que en el pasado.

Capítulo 23: Toxicidad cultural y corrupción del yo

Las justificaciones y explicaciones de la gente pueden variar, pero no evolucionan. Esto significa que pueden inventarse muchas explicaciones para cosas que no entienden, pero no pueden aceptar nada que esté por encima de su estado mental y, mucho menos, verlo como muy inferior a lo que sería deseable. Esto es evidente en muchos grupos que se consideran superiores a todos los demás, ya sea en política o en religión. Cuanto más conflicto hay entre los hechos observables y los intereses de las personas, más rechazan estas sus observaciones y menos buscan respuestas en su interior, porque estas suelen ser desagradables.

Ocurre entonces que quienes más ven la verdad son apartados por la incapacidad de los demás de aceptar cualquier cosa que entre en conflicto con sus opiniones egoístas. En muchos de estos grupos, de hecho, me llaman egoísta, porque si la gente no consigue que estés de acuerdo con ellos, piensan que tú tienes un problema de ego, no ellos. ¿No es interesante? La gente acaba insultándote con sus propios problemas porque son demasiado estúpidos para escuchar sus propias palabras e identificar a quién se dirigen.

La persona no arrogante escucha y debate con hechos, porque está dispuesta a cambiar de opinión cuando se enfrenta a una verdad superior. Pero la persona arrogante no puede hacer eso y, en cambio, intenta arrastrar esa verdad superior con insultos, juicios ilusorios que no se parecen en nada a la realidad y justificaciones absurdas que ignoran los hechos más evidentes y el sentido común. Como los arrogantes son arrogantes, no pueden ver que lo son. Por eso, muchos masones y rosacruces, cuando buscan la iluminación, encuentran más oscuridad. Cuanto más viajé e interactué con muchos de ellos en diferentes países, más me di cuenta de que son algunas de las personas más tontas que he conocido. No estoy asociando a un grupo con un comportamiento específico, sino afirmando el hecho de que muchas personas que buscan la iluminación han encontrado más oscuridad porque no tienen la capacidad de cambiarse a sí mismas, y los rituales ciertamente no les ayudan en absoluto. Muchos creen que el valor es de alguna manera un secreto que debe ser protegido y no compartido. Por eso hacen muchas preguntas, pero no responden nada sobre sí mismos, sin darse cuenta nunca de sus propias limitaciones.

Cuando hablamos con sinceridad, acabamos entendiendo más sobre nosotros mismos. Hablar con sinceridad es un signo de inteligencia. Los estúpidos no pueden ser sinceros porque ven la comunicación como un campo de batalla. Este tipo de pensamiento es más común entre las naciones pobres. La gente de estas naciones está tan acostumbrada a la escasez que piensa que la felicidad es un bien limitado. Así que, si sonríes más o demuestras que sabes más que ellos, lo ven como arrogancia y un abuso de poder, como si no tuvieras derecho a ser quien eres, a estar orgulloso o simplemente contento con la vida. Si se quiere conocer el nivel evolutivo de una nación, se puede utilizar este criterio, porque rápidamente se hace evidente que Polonia y Lituania se encuentran entre las menos evolucionadas del mundo.

Siguiendo la misma creencia, muchas personas ocultan su felicidad, esconden lo que les enorgullece, como sus relaciones o sus conocimientos, porque no quieren que los demás sepan que están mejorando. Esto es ridículo, pero muy común entre las personas con problemas mentales que viven en naciones y culturas enfermas que promueven la enfermedad mental. Sin darse cuenta, su necesidad de encajar y tener una existencia agradable les lleva a ajustarse a los ideales de quienes les rodean. Como resultado, a pesar de todos los conocimientos que acumulan, acaban corrompidos por la cultura en la que se encuentran, como una planta que se alimenta de agua envenenada.

Muchos aspectos atribuidos a una cultura no son más que tendencias generalizadas, como cuando los filipinos asumen que es normal ser grosero con los extranjeros, muy lentos y extremadamente incompetentes en el trabajo. Si te duele el estómago porque te han vendido comida en mal estado, nunca lo verán como un problema suyo, sino tuyo. Así es la cultura. Te das cuenta de que, a medida que la salud mental de las personas decae, se vuelven cada vez más egocéntricas.

La tendencia al egocentrismo es también la causa de mucha soledad en el mundo. Sin embargo, este efecto también está presente en muchas prácticas terapéuticas que, en lugar de ayudar a las personas, las sumen aún más en este estado inconsciente y egocéntrico. De hecho, nunca pensé que un terapeuta pudiera llevar a alguien a suicidarse hasta que descubrí que era algo común entre los psicólogos lituanos. Una investigación adecuada llevaría a muchos de ellos a la cárcel, pero dudo que ningún gobierno tuviera el valor de enfrentarse a semejante escándalo y ser conocido en el resto del mundo como un país de criminales psiquiátricos.

Capítulo 24: Derribar falsos paradigmas y aprovechar las oportunidades.

Podemos mirar a nuestro alrededor y ver que temer enfrentarse a los problemas es tan perjudicial como permitir que surjan en la sociedad, especialmente cuando aquellos en quienes confiamos son el problema: el gobierno, los terapeutas y el sistema educativo. Te haces un gran favor siendo anormal en un país donde es normal estar loco. Además, los gobiernos nunca evitarán la emigración de los ciudadanos más sanos si solo se centran en la situación financiera del país, sin considerar también el estado de la cultura. Un país siempre será pobre mientras se centre en las necesidades básicas, como el dinero para sobrevivir, y no en lo que impulsa la satisfacción de esas necesidades, como la honradez y la compasión entre sus gentes. En general, es más fácil cambiar nuestras vidas y crear un nuevo sistema que esperar cambios en otro sistema. En consecuencia, la sociedad tiene más probabilidades de fracasar que de cambiarse a sí misma.

Las naciones se enriquecen invirtiendo en oportunidades y en la diversidad de perspectivas individuales, y se empobrecen intentando unir a todo el mundo bajo los mismos valores y creencias, especialmente si son de naturaleza religiosa o política. Oportunidad significa tener la libertad de elegir, y esta libertad solo se da cuando estás en un entorno rico, con interacciones de diferentes personalidades, orígenes, valores, etc. Si aplicas este principio a tu vida personal, descubrirás que creces de la misma manera: aprendiendo de personas de distintos orígenes, con ideas diferentes y desafiando tus creencias con otras nuevas. Crecemos y cambiamos más rápidamente cuando nos relacionamos con personas que nos hacen cuestionar nuestros valores y, solo entonces, encontramos una forma de ser más felices de lo que habíamos considerado antes. Se llega a ello más rápidamente a través de los libros, los viajeros o convirtiéndose en viajero.

En cambio, si acudes a un psicólogo empeñado en que vuelvas al redil, es menos probable que desarrolles todo tu potencial. No hay que fiarse de alguien solo porque tenga un papel que acredite sus capacidades, académicas o de otro tipo. Los sistemas no prueban nada, salvo su capacidad de reproducción. En lugar de eso, debes saber lo que quieres y luego buscar a quienes puedan ayudarte a alcanzar tus objetivos.

Todo lo que ocurre en la vida tiene una doble cara, que trascendemos observando las conexiones y las lecciones que debemos aprender. Solo entonces podremos crear nuevos escenarios, de los que surgirán nuevas lecciones y se formará una nueva identidad basada en entendimientos pasados, pero alineados con nuestros objetivos futuros. De hecho, una de las mayores conclusiones que he sacado de viajar por muchos países es que a menudo no valoramos las cosas más sencillas, pero pueden marcar una enorme diferencia en cómo nos sentimos e incluso en cómo disfrutamos de la vida. Por ejemplo, un paisaje hermoso es un día más para los lugareños, pero para alguien que lo ve por primera vez es una oportunidad de sentirse bendecido por estar vivo. Esto es especialmente cierto en partes del mundo donde la gente está insatisfecha con su existencia porque son muy pobres, pero la tierra sigue siendo hermosa.

También es interesante observar con qué facilidad la gente cierra su corazón debido a las percepciones de las personas que le rodean, a su propia falta de dinero e incluso a los viajeros que ven, porque muchos de estos viajeros están de hecho en estos lugares porque los encuentran lo suficientemente accesibles y agradables como para justificar el cambio de un año de trabajo por una semana de vacaciones. Del mismo modo, me parece interesante ver cómo las personas que reciben un salario de un país más rico, pero eligen vivir en países más pobres, tienen una mejor calidad de vida. De hecho, no veo ninguna razón para vivir en un país caro cuando muchas de las naciones más bellas del mundo también son las más pobres. Buscamos la comodidad y una vida placentera en contacto con la naturaleza, especialmente cerca de la playa o de una selva tropical. En el fondo, encontramos mayor felicidad en una relación más estrecha con la naturaleza. Esta es una forma de riqueza que no se puede obtener en una nación rica pero fría, donde nuestras vidas no son más que una rutina de 9 a 5 horas.

Básicamente, queremos no tener que preocuparnos por el dinero y poder vivir donde queramos y comer lo que queramos, pero estas características varían según nuestras prioridades y lo que estemos dispuestos a sacrificar. La mayoría de la gente se equivoca sobre lo que considera importante, porque las cosas que son realmente importantes no son cuantificables. Todas están relacionadas con las oportunidades que podemos aprovechar. Cuando surgen estas oportunidades, es de tontos no aprovecharlas, pero mucha gente no lo hace porque está condicionada por viejos y falsos paradigmas, normalmente impuestos por sus padres y la sociedad en general. Es común escuchar a la gente decir que los ricos son tristes o que el dinero conduce a la soledad, pero eso no es cierto. Tampoco es cierto que desprecien el dinero o que no jueguen a juegos que les hagan creer que pueden hacerse ricos sin esfuerzo. A la gente le gusta contarse historias que les ayuden a enfrentarse a rutinas que no pueden cambiar y de ahí surgen las creencias populares.

Capítulo 25: El declive de los valores sociales y el auge de la autocomplacencia

La mayoría de la gente sufre frustraciones que no tienen coherencia con sus esfuerzos y creencias. Lo que realmente deberían despreciar es su propia ignorancia, que se manifiesta en sus frustraciones, siendo la falta de dinero la más obvia. En realidad, tener más dinero amplía su mundo de posibilidades, porque el tiempo y la cantidad ya no suponen un problema. Se puede comprar más y más rápido, viajar más lejos y derrochar más dinero que antes, sin pensarlo ni analizarlo mucho. No necesitas más conocimientos para ganar más dinero, pero sí para cometer más errores que amplíen tu conocimiento de la vida.

El conocimiento antes que el dinero es solo un creador de potencial, pero sin oportunidades, se desperdicia. Sin embargo, lo que la educación institucionalizada ofrece a la gente es una ilusión de potencial, porque limita las oportunidades del individuo a una profesión determinada y a una gran cantidad de información inútil que nunca utilizará en su vida. La verdadera educación debería ampliar la capacidad del individuo para reconocer nuevas oportunidades y adaptarse a ellas, y esto solo es posible mediante la autoeducación, es decir, leyendo libros en los que otras personas comparten sus propias experiencias vitales, especialmente autobiografías.

También vale la pena mencionar que, si un profesor intenta promover la verdadera educación en una escuela, es inmediatamente condenado al ostracismo y criticado por sus colegas, que han sido condicionados por el mismo sistema para repetirlo y no permitir que nadie se desvíe de él. Por eso es imposible encontrar buenos profesores en el sistema educativo. Incluso mis propios alumnos me criticaban a menudo por no utilizar libros en clase ni escribir en la pizarra. Creían que eso me convertía en un profesor desorganizado y menos capaz. Sin embargo, como yo les explicaba, los libros no se adaptan al mundo real, muchos están desfasados y los métodos que utilizan también son inferiores a los que puedo ofrecer utilizando un ordenador conectado a Internet en el aula. Por lo tanto, el único libro que me vale es el que he creado yo mismo basándome en los numerosos textos que les he dado. Entonces replicaron: «¡Pero es más fácil estudiar con un libro!».

Les contesté: «Podéis juntar todas las clases que os he dado, porque cada clase es como un capítulo, y tendréis un libro». Sin embargo, no podían entender la conexión entre la enseñanza y un libro porque pensaban que este era superior a la enseñanza, como si fuera una Biblia que tenían que seguir religiosamente. La razón por la que pensaban que el libro era importante era que se les había condicionado para ver a todos los demás profesores de su vida utilizar un libro para enseñar, sin cuestionar nunca la competencia de esos profesores. Suponían que repetir el mismo modelo de trabajo les hacía competentes. Por el contrario, me veían a mí como incompetente, y no al revés, simplemente porque pensaban que muchos tenían razón y el que trabajaba de otra manera estaba equivocado. Se trata de una suposición común que la gente hace a lo largo de su vida sobre todo lo que observa.

El hecho de que escribo libros debería ser suficientemente obvio como característica que me distingue positivamente como orador, porque no se puede escribir sobre lo que ya se ha dicho. Pero ni siquiera ellos pudieron verlo. El resto de la sociedad no establece esa conexión entre la persona y los libros de la misma manera. Muchas de las personas que me preguntan cómo escribir libros no tienen absolutamente nada nuevo que decir. Solo quieren sentirse importantes repitiendo lo que otros ya han publicado. Vivimos en un planeta de idiotas que repiten las mismas idioteces. Nadie analiza ni reflexiona sobre toda esta estupidez, y los que lo hacen son considerados equivocados por todos los demás. En un mundo así, la verdad se confunde con la opinión. Sin embargo, la verdad no está relacionada con la opinión personal. Solo en un mundo de idiotas la verdad está relacionada con la cantidad, no con la eficacia.

La gente considera verdadero lo que ve más a menudo, no lo que funciona. De hecho, la gente rara vez se para a pensar en la eficacia de lo que dicen sus políticos. En su lugar, es más probable que sigan lo que oyen y luego culpen a los políticos por permitir una elección democrática, porque eso es lo que ocurre cuando la gente culpa a los políticos después de votarles, en lugar de culparse a sí mismos o a los que son demasiado estúpidos para votar bien.

En el pasado, muchos reyes eran elegidos entre el pueblo en función de rasgos considerados valiosos de su personalidad. Ahora, la gente vota a quienes les hacen creer en sus sueños. En el proceso, la sociedad ha perdido el sentido de propósito. La gente se ha acostumbrado a replicar lo que ya existe y a intentar mantenerlo como está, sin ningún cambio. En una sociedad así, los que la rechazan son los más capaces de evolucionar, pero a menudo también son los más insultados, rechazados y oprimidos.

Capítulo 26 – Trascender las dualidades y el estancamiento de la religión

Una de las etiquetas más habituales que se ponen a los niños que no pueden prestar atención en clase es TDAH (trastorno por déficit de atención e hiperactividad), que no es más que un síntoma de alguien que está aburrido de tener que escuchar tonterías todos los días durante los años más importantes de su vida, cuando su cerebro todavía se está desarrollando. El TDAH no es una enfermedad, sino una reacción normal a un intento de violar la identidad de un individuo suprimiendo su desarrollo natural. No tenemos una epidemia de trastornos mentales, sino un enorme aumento de la brecha entre el desarrollo tecnológico (y las oportunidades que este conlleva) y el estado mental de la gente de este mundo, a la que deliberadamente se mantiene en un perpetuo estado de retraso por parte de aquellos que también se están quedando atrás. Esta es la verdadera causa de la depresión y el suicidio en el mundo. Porque cuando el cerebro se vuelve incapaz de evolucionar más allá de las mentiras asimiladas, la persona se vuelve ciega a los cambios que quiere ver.

Una de las formas de descubrir estos cambios necesarios es leer libros, pero la mayoría de la gente ya está demasiado adormecida, apática y desmotivada para leer nada. Cuando leen, suelen empezar con algún libro popular y fácil de digerir que, obviamente, repite más mentiras, ya que la única razón por la que un libro se hace popular es para reforzar creencias comunes. La peor crítica que puedo recibir como escritor es: «Me encanta este libro porque dice lo que siempre he creído». Esa crítica es terrible porque, en primer lugar, no dice nada sobre la calidad del libro y, en segundo lugar, el objetivo de un libro no es decirte que tienes razón.

No hay que leer un libro para saber si se tiene razón o no, como si se tratara de un examen escolar, sino para descubrir cosas nuevas e información que nos ayude a tomar decisiones más sabias. Por eso no leo más de la mitad de los libros que compro. Cuando me doy cuenta de que el autor solo me está dando sus justificaciones personales de lo que él cree que es verdad e insiste en hacerlo con muchas palabras diferentes, como si añadir más capítulos a la misma tontería la hiciera más razonable, sé que estoy tratando con un lunático y que su libro no merece ninguna atención, sea popular o no, y el autor, famoso o no.

Otra cosa muy tonta que he notado en muchas personas que dicen leer libros es que se enamoran de la literatura antigua cuando la nueva literatura ha superado casi todo lo que se ha escrito. Muchas personas que conozco, especialmente en grupos religiosos, son increíblemente estúpidas y no pueden creer que yo escriba libros mejores que cualquier cosa que hayan leído. Son incapaces de ver que lo que han leído ya ha sido superado por la ingente cantidad de información disponible hoy en día y que, en muchos casos, los autores ni siquiera imaginaban que esto fuera posible. No hay nada más tonto que suponer que alguien que vivió hace cien años escribió mejores libros que los que viven hoy, pero eso es lo que creen los tontos.

La tecnología no estaba tan avanzada entonces, los libros no estaban tan al alcance de todos, no existía la información digital, ni la posibilidad de descargar un libro entero en segundos o de buscar palabras en un libro utilizando palabras clave. No era posible buscar información en diferentes libros mil veces más rápido que antes; los métodos de investigación no eran tan avanzados ni eficaces como lo son hoy; no había tantos artículos de investigación disponibles como ahora, ni tantas investigaciones realizadas por tantas universidades. Sin embargo, mucha gente sigue pensando que estos autores escribieron mejores libros. Hay que ser retrasado mental para creer eso. Por eso, he perdido el interés por todas las religiones cuyos miembros piensan así. Hay que ser muy estúpido para no ver la diferencia entre el viejo y el nuevo mundo.

La única razón por la que leo muchos libros escritos hace miles de años es para comparar las dos realidades y averiguar cómo han cambiado las creencias y cómo el mundo se ha convertido en lo que es hoy. La única razón para mirar cosas antiguas es estudiar la historia y los patrones. Esto es algo que todo el mundo en el campo de la ciencia sabe, pero los estúpidos siempre piensan que sus cerebros idiotas son mejores que la evidencia. Luego, los masones, los rosacruces y los miembros de otros grupos altamente secretos me preguntan cómo es posible que yo sepa más que ellos, como si las cosas que ellos leen no estuvieran disponibles para que cualquiera las lea y entienda.

El único secreto en el mundo de hoy no reside en el conocimiento, sino en la propia falta de habilidad para entender lo que uno lee o para pensar que uno entiende, cuando no es así. La miseria autoinfligida es el verdadero secreto, porque es obvia, pero no se ve. Muchas personas en este mundo tienen dificultades para aprender. La estupidez es la enfermedad más extendida y también la que se cobra más vidas. En todos los sectores, verás que la causa de la muerte fue una decisión personal o colectiva de la que la gente extrae racionalizaciones para eludir el castigo. Los abogados se especializan en mantener a los delincuentes más peligrosos fuera de la cárcel pagando el precio justo por hora. Sin embargo, la verdadera tragedia es que la gente se resiste violentamente a quienes intentan enseñarles, como cuando les muestro que están malinterpretando sus propios libros y se enfadan y me insultan como respuesta.

La capacidad de distinguir entre el viejo mundo y el nuevo mundo que está cambiando ante nuestros ojos no tiene nada que ver con ser tradicionalista o modernista, sino con tener la capacidad de ver cómo ha evolucionado nuestra comprensión de la vida. Solo una mente fluida puede ver un mundo que cambia constantemente. Solo una mente muy ignorante pensará que la vida es estática, que nunca cambia. Esta es la diferencia fundamental entre ver el mundo como una dualidad de lo correcto y lo incorrecto y ser capaz de ver la evolución como un camino que trasciende las dualidades y las opciones. En un nivel básico, negarse a darse cuenta de estas diferencias o la incapacidad de comparar las dos realidades puede verse como una falta de discernimiento o ignorancia absoluta, pero, más allá de eso, es realmente un profundo estado de retraso mental, un profundo sueño del alma.

Algunas personas son literalmente demasiado lentas para ver su realidad tal como es. Viven en un mundo imaginario en su cerebro y sus religiones parecen ser un compuesto de toda esta locura para que se sientan cómodos con lo que perciben como amenazas externas al statu quo. Los grupos a los que asistía me aburrían mucho porque siempre tenía que escuchar cosas muy básicas que eran de sentido común o simplemente estúpidas. Como resultado, perdí el respeto por todas las religiones, desde las más populares hasta las más ocultistas. Es fácil perder el interés por la religión cuando te das cuenta de que la gente se comporta como niños tratando de discutir sobre física cuántica basándose en sus creencias sobre Peter Pan y Cenicienta.

Capítulo 27: El perverso ciclo de la esclavitud moderna y su salida.

No se puede hablar de espiritualidad si lo que se practica es un ritual mental en el que se intenta obtener placer de tonterías, sin cambiar el pensamiento. No es muy diferente de lo que ocurriría si pusieras a varios enfermos mentales en una habitación y hablaran de la realidad. Tampoco es muy diferente de lo que hacía la gente hace miles de años, cuando experimentaba con diferentes cócteles de drogas para intentar comunicarse con Dios y luego escribía libros sobre estas experiencias, que se convertían en el dogma de la religión dominante. La gente de estos grupos cree que la he insultado llamándolos locos, pero estaba describiendo hechos, declarando patrones observables, que ellos no estaban lo suficientemente evolucionados como para aceptar, porque no podían ver lo mismo.

No son diferentes de sus antepasados, que, hace miles de años, repetían rituales basados en las ideas de alguien que consumía setas alucinógenas y veneno de serpiente para obtener una visión más profunda de la vida. El misticismo en torno a las bebidas sagradas que conforma el folclore de la mayoría de las religiones, desde el paganismo y la mitología griega hasta el cristianismo moderno, no es más que un ritual en torno a una droga especial compuesta por ingredientes desconocidos, al igual que hacen las marcas de bebidas modernas como Coca-Cola cuando ofrecen su bebida a la gente sin revelar los ingredientes. De hecho, la Coca-Cola no es más que una bebida inspirada en un ritual que comenzó con el uso de hojas de coca reales, de ahí la increíble popularidad que ha ganado en todo el planeta. Incluso al papa católico León XIII le gustaba tanto esta bebida a base de cocaína que contribuyó a popularizarla. Hoy en día, los cristianos celebran la misa con vino, lo cual es tan absurdo como cualquier otra cosa, pero no deja de ser un recuerdo del pasado. No es de extrañar que tantos escritores piensen que para escribir bien hace falta estar borracho, basándose en las mismas ideas. Sin embargo, la gente siempre piensa que la locura estaba en el pasado, no en el mundo actual.

Si las personas que te rodean no pueden ver lo distorsionadas que están sus mentes y sus visiones de la realidad, pero tú sí, tu única opción es dejarlas atrás. La alternativa es perder todas las discusiones con tontos empeñados en hacerte sentir y creer que estás loco, haciéndote dudar de todo lo que dices de todas las formas posibles. Durante muchos años de mi vida, pensé que estaba loco por no saber que era más avanzado que todos los demás que conocía. Creía que tenía algo que aprender de los demás y, lo que es peor, pensaba que personas de las más diversas religiones me ayudaban a encontrar la verdad. Solo mucho más tarde me di cuenta de que la gente miente y menosprecia a los demás para aparentar que tiene razón y nunca admite sus propias inseguridades, limitaciones e ignorancia. La gente es muy insegura, egoísta y egocéntrica. No sienten empatía por los demás, porque lo único que quieren es validarse a sí mismos. Se centran en su naturaleza inferior, aunque intenten parecer santos y espirituales.

Esta traición a mi confianza me obligó a considerarme retrasada mental, porque durante muchos años fui demasiado ingenua para ver el retraso de los demás. No podía creer que tanta gente, en tantas religiones diferentes, pudiera ser tan egoísta, egocéntrica y malvada como para manipular la información para encajar estas tres características en su personalidad. Solo cuando por fin me di cuenta de ello, todo se iluminó para mí y vi lo feo que es todo el mundo. Me sentí como en un mundo horrible de monstruos repugnantes obsesionados con su propia inmundicia. Entonces pude liberarme, porque me di cuenta de que solo yo podía darme las respuestas que necesitaba. Teniendo en cuenta la cantidad de años que pasamos engañados y perdidos, este viaje consume casi toda nuestra existencia. Parece más fácil rendirse, pero para mí no había otra alternativa que crear un mundo nuevo. De hecho, cuanto más sé, menos puedo vivir en la inmundicia que otros han creado para sí mismos.

Por supuesto, el dinero es muy importante cuando quieres alejarte de este mundo de locos y es curioso que sea el tema más cruelmente atacado por ellos. Sin embargo, no tendrás tu libertad hasta que no tengas suficiente dinero para comprarla. Hasta entonces, seguirás siendo un esclavo del sistema. Necesitarás un trabajo y un salario que apenas te alcance para pagar el alquiler y la comida. Trabajarás por la aprobación de los demás para mantener tu empleo, por lo que no podrás ahorrar lo suficiente para viajar durante mucho tiempo, aunque quieras experimentar un estilo de vida diferente durante un tiempo. Tampoco tendrás tiempo suficiente para leer libros o estudiar cosas nuevas, y mucho menos para aprender nuevos idiomas y desarrollar nuevas habilidades, porque estarás demasiado cansado para hacer cualquiera de estas cosas.

Eso es lo que realmente es la esclavitud: el intercambio de tu tiempo y tu cerebro por dinero que no hace nada por ti excepto mantenerte vivo para que puedas seguir replicando el mismo sistema. Y como este ciclo es tan perverso, muchos de los que despiertan vuelven a dormirse cuando se dan cuenta de que están en una prisión de la que no pueden escapar. Hay una salida, pero requiere esfuerzos que nunca has considerado y muchos sacrificios que pueden ser extremadamente dolorosos a nivel emocional y mental. Como mínimo, tendrás que renunciar a tu tiempo libre para aprender todo lo posible y perderás gran parte de ese tiempo leyendo los libros y escuchando a las personas equivocadas. Para cuando te des cuenta de dónde está la verdad y cómo es, puede que tengas cuarenta o cincuenta años y mucha menos energía que cuando tenías veinte, pero es tu única oportunidad de experimentar la libertad. Puedes lograrlo si te das cuenta de que el sistema tiene puntos débiles, lagunas creadas por una evolución constante que requiere expertos fiables. Si te posicionas por delante de esta evolución, triunfarás.

Así es como mucha gente se ha hecho rica a lo largo de la historia. Puede que estés de acuerdo en que vender patatas fritas, chocolate, azúcar, maíz o curry no te hará rico, pero así es como muchas familias se enriquecieron en el pasado. Hoy en día, la gente encuentra riqueza a través de nuevas oportunidades que eran impensables antes, como la venta de café y agua. Estoy seguro de que seguirán surgiendo nuevas oportunidades y serán más accesibles que nunca. El desarrollo de Internet es un ejemplo de ello, aunque la mayoría de la gente que conozco, sobre todo en Europa, es demasiado estúpida para entender cómo alguien puede ganar dinero con una tienda online y, para mi asombro, son lo bastante estúpidos como para ridiculizarlos.

Capítulo 28: La realidad de las naciones pobres y las culturas miserables.

En el mundo actual, habría que ser bastante ignorante para no entender cómo se puede ganar dinero con una simple página web, pero, para mi asombro, la gran mayoría de la población de ciertas partes del mundo no es consciente de cómo suceden estas cosas delante de sus ojos, ni siquiera cuando ellos mismos utilizan estas páginas. Una de las personas más idiotas que he conocido dijo algo que refleja la mentalidad de la gente en Europa. Dijo, refiriéndose a una de mis empresas: «En realidad, no tenéis un negocio, solo revendéis ropa a un precio más alto y os lleváis un porcentaje de los beneficios».

La miré con incredulidad, pues no podía creer que alguien pudiera ser tan ignorante. Así que le pregunté: «¿Cómo crees que alguien con un negocio gana dinero?» No supo responder. Pero esto es lo mejor: era contable. Un contable que no sabe cómo gana dinero una empresa es algo que todavía no entiendo. Es incluso peor que eso: pienso en los científicos que conocí que estudiaban el ADN de los virus y no sabían lo que estaban haciendo, ni qué implicaciones tenía a mayor escala. Eso fue antes de la propagación del coronavirus en Europa en 2019. Me sorprende que ellos, siendo expertos, no puedan ver que sus investigaciones podrían utilizarse para fabricar armas biológicas. Incluso me ridiculizaron cuando les pregunté por ello. La gente se ha vuelto tan estúpida que no entiende nada de su propio mundo. Cuando viajo, es tan evidente que he renunciado a preguntar a la gente por los nombres de las calles o los restaurantes, porque nunca son capaces de hablarme de los edificios o las calles por las que pasan todos los días.

Por ejemplo, hace poco, en Albania, enseñé a los lugareños la foto de un restaurante y les pregunté dónde estaba, pero nadie supo decírmelo, ni siquiera los dueños de un hotel y una peluquería de la misma zona. Tuvieron que usar los mapas virtuales de sus móviles para averiguar que el restaurante estaba en la misma calle donde trabajaban, algo que yo ya sabía sin vivir allí. De hecho, por eso hice la pregunta. Al final, sin embargo, estos lugareños fueron tan serviciales como yo, que visitaba el país por primera vez. Eso debería decirle todo lo que necesita saber sobre la mentalidad de la gente. Con esto quiero decir que son retrasados mentales e inútiles para todo.

Este escenario hace que mucha gente tenga sentimientos encontrados cuando alguien habla de exterminar a la mayoría de la gente del planeta, porque no ven cómo podría ser útil tanta gente como criaturas que no piensan, no tienen esperanza, no son empáticas y no despiertan. Al menos, cuando son muy estúpidos y muy pobres, pueden tener cierta compasión por los demás. Pero, como he visto en muchos países, ocurre lo contrario. Se vuelven más egoístas, resentidos y violentos con los que tienen lo que ellos no tienen. En particular, los filipinos no son infelices porque sean pobres, sino porque mienten, manipulan e intentan engañar a los viajeros que visitan su país. Son extremadamente groseros y corruptos. No solo tuve que pagar una enorme cantidad de dinero para salir del país, sino que también tuve que pagar a funcionarios corruptos para que hicieran lo que sus sueldos ya les pagaban por hacer. Y es que la extorsión y la corrupción son tan comunes en este país que todos los extranjeros que estaban delante de mí pagaron en las oficinas de inmigración.

La situación no es diferente en la oficina de inmigración del aeropuerto internacional Ninoy Aquino de Manila, donde se impide constantemente a los viajeros filipinos embarcar en un vuelo por no pagar a la persona que abusa de su posición y hace preguntas muy personales. Están tan acostumbrados que cuando no le di dinero al funcionario de inmigración para imprimir un documento de salida de un país en el que ni siquiera había nacido, sino que solo pasaba como visitante, me preguntó: «¿Dónde está mi dinero?». Peor que ser pobre es ser mentiroso y tramposo. ¿Qué clase de nación miserable es esta, a pesar de pretender ser de mayoría cristiana?

Algo parecido ocurre con los lituanos y los polacos, cuya miseria solo se ha hecho menos evidente desde que ingresaron en la Unión Europea. Por sí solos, seguirían siendo tan miserables como lo han sido siempre, porque una cultura terrible y un pueblo sin valores positivos crean una nación miserable. Y nada es más evidente que su falta de gratitud hacia quienes les ayudaron a salir de su miseria, porque así es como un pueblo miserable valora la ayuda recibida, afirmando que todo lo han hecho ellos mismos y que son superiores a los demás. Esta actitud solo refuerza la necesidad de exterminarlos en lugar de ayudarlos y hace muy difícil pensar en su evolución o sentir compasión por ellos cuando su nación es destruida por una invasión extranjera.

La raza humana es un problema cuando se niega a evolucionar o se le niega la evolución. Cuanto más inmersa está la gente en el sistema y más confía en él, menos posibilidades tiene de evolucionar como ser humano y más sufre como víctima del sistema que protege. Por eso el nacionalismo es la forma en que un pueblo estúpido protege unas creencias colectivas que deberían cambiar. El nacionalismo es la cristalización de un pueblo en un territorio, simbolizado por una bandera. Esto no tiene sentido en un paisaje en constante evolución. Pero lo peor es el racismo, la idea de que tu nación no está formada por una multitud de pueblos de diferentes partes del mundo, sino por una sola cosecha de personas cultivadas en los campos de patatas de esta tierra por alguna fuerza misteriosa llamada Dios.

De hecho, los que escapan al sistema son los elementos más necesarios para él. Sin embargo, no tienen por qué creerme. Las muchas ofertas de trabajo que he recibido sin preguntar demuestran lo que digo. La gente quiere que alguien como yo dirija sus empresas, les enseñe pedagogía a ellos y a sus profesores, hable en público y les ayude a desarrollar una estrategia empresarial. No quieren trabajar ni aprender de alguien que no tiene nada que decir u ofrecer, aparte de repetir lo que instintivamente saben que no funciona bien. Y, sin embargo, la ironía es que soy tan necesario como odiado. La gente quiere saber todo lo que sé, pero rechaza con la misma energía todo lo que digo. Están orgullosos de admirarme por lo que he conseguido y son creativos a la hora de insultarme por no ser capaz de hacer lo mismo.

Capítulo 29: La dura verdad sobre la responsabilidad parental y el éxito

Lo interesante de evolucionar como ser humano es que pronto te das cuenta de que no se trata solo de una decisión que afecta a tu inteligencia y a tu vida social, sino que realmente es un cambio completamente orgánico. Por ejemplo, cambié mi dieta varias veces para reducir mis niveles de depresión y mantenerme concentrado y menos enfermo durante más tiempo. También empecé a hacer más ejercicio al darme cuenta de la conexión entre el funcionamiento de mi cerebro y mi capacidad para pensar con eficacia.

El dinero se ha convertido en algo esencial en mi vida para viajar más y a distancias más largas, lo que me ayuda a mantener la concentración mientras observo nuevas formas de vivir y pensar. En esencia, todo en mi vida se ha convertido en parte de lo que soy, y por eso me parece estúpida la gente que me dice que me relaje y trabaje menos. Si pensara como ellos, tendría su vida, no la mía. No pueden tener mi vida porque se niegan a pensar como yo. Quieren mi vida con su forma de pensar, y eso es una estupidez: querer progresar sin cambiar uno mismo.

La moralidad está alineada con este progreso, porque es más probable que produzcas mejores productos y los vendas más fácilmente si eres fiable y comprendes las necesidades de tus clientes. Por eso mantengo una relación directa con mis lectores, con autenticidad, respetando sus intereses y sus preguntas.

Por el camino, también he tenido que aprender a aceptar que algunas cosas no son compatibles con este nuevo estilo de vida, incluida una vida social estable. De momento, es más probable que conozca a gente a la que no volveré a ver que a amigos de toda la vida, y he aprendido a aceptarlo como algo positivo. En cualquier caso, la mayoría de la gente no es muy singular, así que cuanto más gente conoces, más te das cuenta de que son incapaces de cambiar, y repiten la misma mentalidad, creencias y conversaciones durante muchas décadas. Las personas inteligentes, únicas y amables son raras. Teniendo esto en cuenta, la abundancia que reflejas en los demás, que es anormal para ellos, se convierte en normal para ti.

Por ejemplo, la gente siempre me pregunta cómo hago amigos tan rápido, pero, teniendo en cuenta que todos desaparecen, sobre todo después de viajar, y nunca responden a mis mensajes, yo no lo veo como hacer muchos amigos, sino como conocer a mucha gente por el camino. La gente también me pregunta por qué me preocupo tanto por el dinero, ya que es evidente que no ven la relación entre productividad, dinero y gastos. De hecho, uno debería querer maximizar sus beneficios para trabajar menos y obtener los mismos resultados, no más, y al mismo tiempo reducir sus gastos para no tener que trabajar más. No lo entienden porque cambian su vida por tiempo. No valoran el tiempo ni la libertad lo suficiente como para respetar a quienes sí lo hacen. Por eso no valoran el dinero, aunque digan que quieren más. No se puede conseguir lo que no se respeta. Esto es tan cierto de la gente como del dinero, porque la gente inventó el dinero para facilitar las transacciones en un mundo altamente disfuncional, inmoral y egoísta, donde el intercambio era muy difícil y llevaba mucho tiempo, y el robo y la corrupción estaban por todas partes, igual que hoy. Precisamente porque la gente carece de cualidades morales, el dinero es tan importante. Sin embargo, la mayoría de la gente no parece entender estas cosas, no entiende cómo funciona su propia vida.

Básicamente, si el dinero fuera malo, las personas sin hogar serían las más felices del mundo. Además, ¿no es asombroso ver que hemos evolucionado durante tantos miles de años para llegar a un mundo en el que la mayoría de la gente no tiene ni idea de cómo se hace el dinero, cómo se plantan y cultivan las patatas, nada, ningún conocimiento útil, ni siquiera de su propia historia como pueblo? Sin embargo, las observaciones que hacemos sobre la realidad que nos rodea también definen nuestras elecciones. Por eso, cuando la gente ve menos, tampoco entiende esas cosas, aunque intentes explicárselas.

Una de las consecuencias más absurdas y comunes de esta ignorancia masiva es la obsesión por las asociaciones genéticas. La gente realmente piensa que el hombre que aportó el esperma y la mujer que aportó el óvulo durante un momento de sexo son individuos a los que hay que adorar y a los que hay que estar emocionalmente unido el resto de la vida. No se dan cuenta de que esta correlación está relacionada con lo que estos dos individuos hicieron para promover la supervivencia y el éxito de sus hijos e hijas en la vida, y que en muchos casos lo que hicieron fue exactamente lo contrario. Parece ofensivo decir estas cosas a mucha gente, pero la verdad es que la mayoría de los padres no son más que perdedores que repiten la misma mentalidad ignorante a la siguiente generación. No merecen nada a cambio. Los únicos padres que merecen algo de sus hijos e hijas son los que sacrifican su existencia para ofrecer una educación mejor a la siguiente generación y animan a sus hijos e hijas a esforzarse y a perseverar, independientemente de los resultados. He visto esto en familias chinas e indias, pero no en otras partes del mundo.

A menudo, la excusa es la falta de dinero para dar a sus hijos una educación adecuada. En ese caso, no creo que deban tenerlos. No se trata de una visión negativa de la vida, sino práctica y positiva. De hecho, si tuviéramos que explicar el concepto de positividad, diría que no se basa en el aspecto positivo, sino en la capacidad de diferenciar los estados mentales y cómo conducen a resultados y comportamientos muy diferentes, porque no se pueden justificar los hechos negativos cuando son obviamente malos. De hecho, es interesante que en la cultura filipina se llame egoístas e inmorales a los niños que no quieren ayudar a su familia dándoles parte de su sueldo, cuando en realidad es todo lo contrario. Si fuiste concebido en la pobreza, no le debes nada a personas que no pudieron controlarse y fueron tan egoístas e inmorales como para traerte a la vida en un acto de placer para sus cuerpos. ¿Cómo puede un niño deber su vida a dos personas sin otra razón que la de haber mantenido relaciones sexuales? No tiene sentido, salvo en un planeta habitado por enfermos mentales.

Capítulo 30: Tomar decisiones informadas en un mundo de psicópatas

A veces, un comportamiento que puede percibirse como negativo puede conducir a un resultado positivo, mientras que un comportamiento que puede percibirse como positivo puede conducir a un comportamiento negativo. Por ejemplo, si una mujer británica que está delante de mí en el autobús sujeta frenéticamente su bolso como si se lo fuera a robar, ella ve este comportamiento como positivo, pero yo lo veo como ofensivo y extremadamente estúpido. Ella no sabe que está actuando como una retrasada mental porque, para una persona con discapacidad intelectual, el color de la piel de una persona determina lo que se puede esperar de ella. Un comportamiento negativo con influencias positivas sería insultar a esta mujer y darle una lección sobre discriminación, discriminándola por su falta de inteligencia. Sin embargo, mucha gente no ve la diferencia entre ambas situaciones, por lo que se cometen muchas injusticias en nombre de la ley y la religión. Lo vemos cuando Estados Unidos y la OTAN invaden países utilizando mentiras como excusa, y nadie se queja. Sin embargo, la gente reacciona cuando Rusia hace lo mismo con otras naciones, incluso cuando tiene una excusa válida para hacerlo.

Esta hipocresía, acompañada de una falta de discernimiento de la realidad, también se manifiesta en la forma en que la gente se mira a sí misma, ya que a menudo piensan que como los ricos tienen mucho, ellos tienen poco. Pero podemos analizar esto a menor escala, como cuando alguien me pide un trabajo y luego exige un salario muy alto. ¿Por qué debería pagar más por cosas que ni siquiera se han hecho? Lo que he observado en muchas personas es que no les gusta trabajar, simplemente creen que los que tienen más deberían compartir más. Pero, ¿de dónde ha salido mi dinero? ¿No era fruto de mi propio trabajo? Como ves, hay un elemento de egoísmo detrás de lo que parece ser una visión socialista de la vida. La gente cree que tiene derecho a las cosas sin hacer nada para ganárselas.

A medida que más y más gente lucha contra el desempleo y trata de ganarse la vida con el turismo, he empezado a notar de nuevo el mismo patrón. Es decir, me engañan para que reserve un piso que parece tener todo lo que he pagado, pero cuando llego veo otra cosa: muebles oxidados, una casa que no está muy limpia, nada que me sirva para cocinar o que esté demasiado viejo para usarlo, etcétera. Luego estas personas se enfadan mucho cuando decido marcharme al día siguiente y exigen que les devuelva el dinero. Nunca, en ningún caso que yo haya conocido, quieren devolver el dinero. Realmente creen que ese dinero les pertenece, y no el resultado de una transacción que nunca tuvo lugar porque eran demasiado vagos para limpiar la casa e hicieron lo menos posible para mantener a un cliente. A menudo piensan que es injusto que haya decidido marcharse. ¿Qué esperanza tienen estas personas?

Su objetivo en la vida es estafar a tanta gente como sea posible, porque así es como ven la idea de ganarse la vida. Es aún peor cuando los sitios web de alquiler más populares fomentan este comportamiento, porque comparten la misma mentalidad y borran todas las reseñas negativas que advierten a los clientes de estas situaciones. De este modo, estas empresas consiguen engañar al mayor número posible de personas, aunque los clientes sufran robos y violaciones en los pisos que alquilan, algo que ha sucedido con frecuencia.

Luego la gente dice que el problema del mundo es la falta de empleo, porque solo ven la superficie. No ven que la mayoría de las personas no son aptas para formar parte de la sociedad y que su existencia es una fuente de problemas. Yo he sido pobre muchas veces en mi vida y nunca he utilizado esa condición para justificar la mentira y el engaño, así que no creo que se pueda utilizar como excusa. De hecho, son estas personas las que justifican leyes más estrictas. En un mundo de gente cuerda, no habría necesidad de leyes, porque el sentido común y la honestidad serían las leyes más importantes y conocidas. Es una sociedad mentalmente enferma la que ve en la inmoralidad un atajo para obtener más beneficios. Los muchos psicópatas que he conocido en diferentes partes del mundo y de diferentes profesiones me lo demuestran cuando dicen: «¿Qué te importan los demás? Lo que hagan con lo que les dices es asunto suyo».

Podemos concluir, pues, que lo que marca la diferencia no es lo que tenemos, sino cómo vivimos nuestra vida. Me refiero, por supuesto, a las elecciones que hacemos y a la dirección que nos llevan. Y, por supuesto, conocer los hechos sobre el entorno en el que tomamos nuestras decisiones puede llevarnos a obtener un mejor resultado. Por ejemplo, sería absurdo intentar tener una carrera honesta en países donde la mayoría de la gente es psicópata. En esos países, es más probable hacerse rico y famoso mediante la violencia o actividades relacionadas, como trabajar para el ejército o empresas de seguridad privada.

Puede sonar ridículo decir que formar parte de las fuerzas armadas puede hacerte rico, hasta que miras a países como Portugal y te das cuenta de que sus fuerzas armadas son tan corruptas que pueden convertir cualquier proceso ilegal en legal y mantener a gente importante implicada en el tráfico de armas fuera de la cárcel. Nunca he oído hablar de un solo caso en ese país en el que el ejército haya detenido a nadie por actividades delictivas en su seno. Por el contrario, en Portugal, si dices que trabajas para el ejército, la gente te respetará, porque en un país donde la mayoría de la gente es psicópata, los que abusan del poder tienden a ser los más respetados.

Por la misma razón, sus políticos se ven a menudo envueltos en tramas de corrupción y blanqueo de dinero, pero rara vez van a la cárcel. Peor aún, la población es lo bastante estúpida como para reelegir a quienes ya han cumplido condena para el mismo cargo político que ocupaban antes. Muchos siguen teniendo influencia política a pesar de los problemas legales y las penas de prisión. Un pueblo inculto se manifiesta realmente a través de decisiones estúpidas. Pero si quieres ocuparte de asuntos burocráticos en este país, te tratan como si intentaras ganarte la confianza de la gente honrada. Así es también como los psicópatas ocultan su imbecilidad, porque muchos funcionarios no tienen ni idea de lo que hacen ni de lo que dice la ley. Si contratas a un abogado en este país, mentirá sobre tus derechos con el fin de extorsionarte todo el dinero que pueda, porque tiene aún menos respeto por la ley que los demás. Tampoco es raro que un abogado portugués intente sacar más beneficio de la gente contra la que estás luchando para que pierdas el caso. Puede ahorrarse más dinero contratando a un detective que acompañe a su abogado, encuentre pruebas en su contra y se asegure de que hace bien su trabajo.

Capítulo 31: El valor de la discreción y la inversión estratégica

La forma en que interpretas y observas el mundo determina la dirección que tomará tu vida, así que no puedes esperar que los demás estén de acuerdo contigo en tu evolución. Por ejemplo, la mayoría de la gente interpreta mi existencia de forma muy distinta a la realidad. Mucha gente asume que escribo libros para viajar, cuando en realidad elegí escribir libros para dejar de trabajar como profesor, director de empresa o en cualquier otro trabajo que me obligara a permanecer en el mismo lugar con la misma gente todos los días. Esto es una enfermedad para mí y es insoportable, sobre todo porque yo no elegí a estas personas y tengo que fingir que las tolero todos los días.

La gente también piensa que mi objetivo es ir a todas partes del planeta, cuando en realidad mi objetivo es solo mudarme cuando soy infeliz y no puedo resolver mis problemas de visado. De hecho, es muy difícil conseguir un visado para permanecer en casi cualquier país del planeta, sobre todo si eres económicamente independiente, porque los países quieren tu dinero, no a ti. A menos que ese dinero esté invertido en grandes cantidades de cosas completamente irrelevantes e inútiles, no te darán permiso para quedarte. Al final, resulta mucho más barato viajar que vivir en algún sitio como residente. Con lo que cuesta el visado de oro en Grecia, por ejemplo, podrías alquilar un jet privado y dar la vuelta al mundo, y aun así no te habrías gastado ni la mitad del dinero.

Otra cosa de la que la mayoría de la gente no parece darse cuenta, porque siguen pensando como sus abuelos, es que en el mundo actual no es una buena inversión comprar una casa, a menos que no vayas a vivir en ella, sino que se la alquiles a otra persona. Probablemente no podrás permitírtela el resto de tu vida y los costes de mantenimiento no merecen la pena. Es mejor invertir ese dinero en varias propiedades de alquiler a lo largo de tu vida. En el mundo actual, lo que realmente merece la pena es invertir en conocimiento, que es mucho más accesible y barato. Además, hay que invertir en un negocio que se pueda automatizar, de manera que en pocos años puedas librarte de responsabilidades y obtener ingresos pasivos. Si puedes hacer esto varias veces, podrás ganarte muy bien la vida.

Sin embargo, según mi observación, la gran mayoría de la población desconoce por completo estas cosas. Una de las cosas que la gente no ve en mí, por ejemplo, es que escribir libros no es solo una forma de vida o un negocio, sino una fórmula, porque estos libros se venderán siempre, aunque solo se escriban una vez. Son los ingresos eternos de un trabajo hecho en pocos días. En el campo del arte digital, el vídeo, la fotografía y la música, por ejemplo, hay otros ejemplos que pueden compararse a este. Muchos individuos están viendo realmente estas oportunidades, mientras que el resto de la gente parece estar dormida ante todo lo que está ocurriendo, es decir, los numerosos avances en inteligencia artificial que pueden reproducir el arte al más alto nivel.

Cuando observamos que las personas son lentas para cambiar y, en muchos casos, no cambian en absoluto, a menudo no vemos el alcance total de esta realidad, porque significa que las masas siguen los mismos patrones de pensamiento que sus antepasados, que vivían sin Internet, sin electricidad y sin muchas de las oportunidades que tenemos hoy en día. Todavía veo a gente en las cafeterías leyendo libros de papel como si estuvieran tortuga, lo que me parece la cosa más tonta que se puede hacer hoy en día. Quizá se crean muy listos por leer un libro en público, pero lo inteligente es ponerse auriculares y escuchar libros mientras se relajan los ojos, mirando un océano o un lago, por ejemplo. Así es como consigo leer decenas de libros al día sin que nadie se dé cuenta. Llegarás mucho más lejos en la vida si dejas de preocuparte por lo que piensen los demás y rechazas la idea de que tienes que demostrarles algo.

Por ejemplo, publicar una foto tuya con un Lamborghini o un barco en las redes sociales puede granjearte los elogios de tus amigos y la validación que buscas, pero es mucho más valioso para tu futuro mantener la boca cerrada, no mostrar nada de lo que haces, dejar que la gente piense que eres pobre y estúpido y, puede que incluso vendas drogas, como muchos suponen de mí, y luego juzgarlos según los juicios que hagan de ti mientras tomas decisiones importantes que ni siquiera pueden ver o entender, cosa que yo hago todo el tiempo. Después, utiliza el dinero que te habrías gastado en ese Lamborghini para invertirlo en montar un negocio, un proyecto inmobiliario y contratar a gente para que trabaje para ti. Con un coste medio de mil o dos mil dólares al mes, puedes contratar a casi cualquier persona de todo el mundo durante muchos años, si tienes el dinero para comprar un Lamborghini. Si eliges bien a tus empleados y les das un proyecto funcional, te harán más rico, lo que justificará su salario y te permitirá contratar aún a más gente. Si vives en un país pobre, eso es tu ventaja, porque puedes contratar a más gente por menos dinero y obtener resultados en menos tiempo que nadie en el mundo.

Capítulo 32: Centrarse en la calidad y en las personas que la aprecian.

Para alguien que ha alcanzado la riqueza en su vida, lo más tonto que puede hacer es publicar fotos de sus coches en las redes sociales y buscar la validación de los demás, porque en ese momento todo el mundo vendrá a pedirte dinero o se quejará si no se lo das. Por el camino, puede que descubras que necesitas la aprobación de los demás, pero eso no vale para nada, es el objetivo equivocado. Si no puedes mantener la boca cerrada sobre tus objetivos o tu riqueza, probablemente no estés cualificado para ser rico. Sabes que estás cualificado para ser muy rico cuando no buscas la compañía, el respeto o la aprobación de otras personas, ni necesitas saber lo que piensan. Cuando no te importan las opiniones de los demás, ganas más espacio en tu mente para formular tus propios pensamientos, muchos de los cuales serán completamente nuevos y estarán más centrados en el futuro que en el presente.

En mi caso, por ejemplo, nunca pensé en tener un barco hasta que empecé a viajar mucho más y me di cuenta de que un yate me ahorraría dinero y quebraderos de cabeza relacionados con estafadores que alquilan pisos en mal estado. Las plataformas de alojamiento para viajeros más populares ofrecen un servicio muy deficiente en un sector utilizado por millones de personas. Sin embargo, el verdadero problema es que poca gente viaja durante todo el año, no solo durante unas semanas, por lo que a la gente como yo le conviene más utilizar barcos que pisos de segunda mano que se anuncian como casas de lujo. En este caso, hablo de un yate para ahorrar dinero y ser más práctico en la vida, con más comodidades, no como medio para obtener validación social, y ésa es la parte que muchos, sobre todo los pobres, no entienden. Los pobres siempre se centran en aspectos externos, porque no tienen sentido de la esencia, planificación o visión.

Podría decir lo mismo de los que me preguntan cómo ganar dinero con los libros y la música, como si no importara lo inteligentes y talentosos que sean, porque nunca alcanzarán mi nivel de éxito. Y nunca lo harán por una razón muy sencilla que no pueden entender: intentan alcanzar el éxito con una mentalidad egoísta y pobre. Ven el dinero como el objetivo, no la calidad de su trabajo ni las personas a las que llegará. Por eso fracasan y fracasarán siempre, y por eso merecen fracasar. Cuando quiero ganar más dinero, no me centro en ello, sino en mi trabajo. Intento encontrar formas de mejorar la calidad de mi trabajo y he reeditaro algunos de mis libros más vendidos después de mejorarlos. También he trabajado en ecualizar los sonidos de cada una de mis canciones.

A pesar de todo esto, gran parte de mi trabajo no produce los resultados que espero, pero soy coherente con este principio, razón por la cual soy un artista y autor de éxito desde hace más de diez años y he viajado a docenas de países basándome en esta mentalidad y coherencia. La gran mayoría de la gente no puede verlo así. Están demasiado obsesionados con el dinero, y por eso ni siquiera puedo hablar con ellos. Cuanto más sé sobre cómo funciona la vida, menos amigos tengo, porque la mayoría de la gente es demasiado estúpida, insultante, arrogante y envidiosa para que personas como yo puedan relacionarse con ellos o enseñarles lo que necesitan aprender. La mayoría solo puede llevarse bien con otras personas como ellos porque no pueden aceptar a nadie mejor. Son demasiado egocéntricos para tolerar a alguien mejor.

Por eso muchas de mis relaciones anteriores fracasaron y mucha gente no puede encontrar una relación verdadera. Si la mayoría de la gente no puede vivir sin ir a la playa un fin de semana, no puede dejar de emborracharse a todas horas, no puede decir «no» cuando va a una fiesta, entonces no puede formar parte de mi vida. Del mismo modo, cuando llegue el momento de pasarme un año entero en una isla disfrutando del sol, tendré que hacerlo solo.

Es triste decirlo, y a menudo resulta insoportable de leer para muchos, pero la mayoría de la gente es incapaz de evolucionar, aunque su miseria sea consecuencia de su estupidez y de sus malas elecciones. Suelen ser muy estúpidos porque son codiciosos y perezosos. Entonces, ¿debería sentir lástima por ellos? Lo siento por los que leen mucho y trabajan duro y no consiguen lo que quieren, pero nunca he conocido a una sola persona así. De hecho, nunca he conocido a una persona que trabaje duro, lea muchos libros sobre salud mental y sufra una enfermedad mental. Eso no ocurre. Cuando te propones resolver tus problemas, encuentras las respuestas y las personas adecuadas para ayudarte, y entonces lo solucionas todo. La ley de la manifestación o atracción es real: atraes aquello en lo que te concentras, pero solo si estás dispuesto a trabajar por ello y estás abierto a recibirlo.

Tendemos a pensar que controlamos nuestro destino y que podemos tomar nuestras propias decisiones, pero lo que controlamos son nuestros pensamientos, decisiones y acciones, que se alinean constantemente con la realidad percibida creada por nuestros propios pensamientos. Por lo tanto, nunca podremos cambiar nuestra realidad hasta que cambiemos nuestros pensamientos. Estos pensamientos no se ven alterados por las decisiones, sino por las percepciones, que son las semillas que plantamos en nuestra mente a medida que acumulamos una gran cantidad de perspectivas e información.

Capítulo 33 – Encontrar la verdadera fe más allá de la creencia organizada.

El potencial de cambiar nuestro destino cambiando nuestros pensamientos se aplica tanto a la riqueza como a la felicidad y la salud mental. Es en el proceso de cambio interior donde se produce realmente cualquier manifestación o milagro. Lo sé porque he sido testigo de ello en mi propia vida. He estado sin hogar, he perdido todos mis ahorros varias veces, y Dios ha hecho que el dinero llegue a mi vida, ha hecho que las oportunidades y las ideas lleguen a mi vida y ha hecho que muchas otras cosas increíbles y completamente inesperadas sucedan para ayudarme a cambiar mi destino. Las personas de mi vida no hicieron nada por ayudarme, ni siquiera cuando tuvieron la oportunidad, así que solo puedo sentirme mal cuando pienso en ellas. He echado de mi vida a todos los que he conocido porque desprecio a la gente que no puede ayudar y se niega a hacerlo sin otra razón que el egoísmo, que incluye no ofrecer el salón o el sofá a un amigo que no tiene adónde ir. Eso sí que lo detesto.

Ahora vivo en pisos grandes, a menudo con varias habitaciones disponibles, y duermo en una sola de ellas, sin invitar a nadie a compartirla conmigo. Es mi venganza. En realidad, es más exacto decir que es la venganza de Dios a través de mí, porque sin fe nada sería posible. Y, contrariamente a lo que muchos necios del cristianismo piensan, esta fe no tiene nada que ver con la religión, sino con una relación directa entre Dios y yo. En mi caso, si dependiera de la religión para obtener ayuda, sería muy infeliz, porque ninguna de las muchas religiones a las que he acudido me ha ayudado nunca en absoluto.

Si quieres construir una fe en torno a una religión, entonces envuélvela en torno a la fe revelada en mis libros, que, como puedes ver, no tiene nada que ver con ninguna religión organizada del mundo. No hay ningún otro camino, religión o profesión, que te ayude a conseguir los máximos resultados, porque lo que estoy revelando ya contiene el enfoque más realista de los milagros. La fe es lo único que necesitas en la vida, aunque muchas personas afirman que no pueden disfrutar de la vida sin una pantalla de plasma o un coche grande y que, una vez que tienen estas cosas, solo quieren más de lo mismo o de mayor tamaño. Esta necesidad constante, como un parásito que se alimenta de la ansiedad y la depresión, les hace infelices. Sin embargo, de alguna manera se sienten cómodos en su ciclo vital porque no entienden otra forma de experimentar la vida.

Por ejemplo, muchos europeos ahorran todo un año para ir quince días a Asia, mientras que los asiáticos ahorran todo un año para ir quince días a Europa. Mientras tanto, la mayoría de la gente del campo se siente aburrida de la vida y quiere viajar a las grandes ciudades para disfrutar del tiempo que pasa allí, mientras que la gente de esas ciudades se siente tan ansiosa y estresada por el constante movimiento que quiere relajarse en el campo. Debe de haber algo terriblemente equivocado en nuestra forma de interpretar la vida, porque todo el mundo parece confundido sobre lo que quiere y necesita, y sobre cómo satisfacer esas necesidades y deseos. La respuesta no llegará sin una introspección adecuada sobre quiénes somos, y esto nos lleva a otro error común: que debemos apreciar y amar la vida antes de poder apreciarnos y amarnos a nosotros mismos, y no al revés.

Los comportamientos contradictorios atrapan a muchas personas en una paradoja sin sentido, y sus emociones se lo dicen. Quererse a uno mismo significa hacer y ser lo que hace que uno se respete, y aquí es donde muchas personas fracasan, precisamente porque esperan que los demás les den ese respeto. Por ejemplo, si alguien dice «No soy suficientemente guapa», la respuesta es «¡Ponte guapa!»; si dice «No tengo suficiente dinero», la respuesta es «¡Busca ropa más barata y de calidad que te haga sentir mejor!»; si alguien dice «No tengo suficiente confianza en mí misma», la respuesta es «¡Escucha música que te haga sentir bien, relájate en un parque, escucha el canto de los pájaros e intenta conocer gente nueva!»; y, por último, si alguien dice «No tengo suficientes amigos para salir», la respuesta es «¡Únete a clubes, asociaciones, actividades deportivas o crea tu propio grupo hasta que tengas suficientes amigos!». Por último, si alguien dice: «No tengo suficientes amigos para salir», la respuesta es: «¡Únete a clubes, asociaciones, actividades deportivas o crea tu propio grupo hasta que tengas suficientes amigos!».

La mayoría de las personas están tan atrapadas en sus patrones de pensamiento y en lo que los demás ven en ellas que no ven estas oportunidades y acaban creándose más barreras. Sin embargo, la capacidad de desarrollar más autoestima es el primer y más importante paso para sanar la mente. Por eso, dar un paseo por el parque puede hacer maravillas en la persona más deprimida y ayudarla a abrir su mente a nuevas posibilidades. Muchas de las mejores ideas que he tenido han surgido en momentos de desesperación, cuando simplemente me he parado y he relajado la mente. A medida que adquieres más confianza y seguridad en ti mismo con estas actividades, puedes desarrollar una mejor comprensión interior, y es desde este centro desde donde encontramos el propósito de nuestras vidas.

Capítulo 34: Comprender los niveles de integración social

Si dibujáramos una escala de lo que debería ser normal, obtendríamos el siguiente resultado:

Nivel 0: no ser nada.

Nivel 1: la necesidad de existir.

Nivel 2: la necesidad de ser visto por la sociedad.

Nivel 3: necesidad de contribuir a la sociedad.

Nivel 4: necesidad de formar parte de la sociedad.

Nivel 5: necesidad de ser valioso para la sociedad.

Nivel 6: la necesidad de ser visto como un elemento influyente de la sociedad.

Lo que falla en el mundo actual es que la gente quiere alcanzar el sexto nivel, pero pasa la mayor parte del tiempo pensando en el primero. Para ello, pierden el tiempo haciéndose demasiadas fotos, pasando demasiado tiempo en las redes sociales e intentando llamar la atención de los demás sobre su aspecto. Como resultado, se alejan cada vez más de lo que quieren en la vida. Esto da lugar a un falso sentido del derecho, la creencia de que uno tiene derecho a un trabajo, un buen salario y una familia —lo que situaría a una persona en los niveles cuatro y cinco—, excepto que este individuo carece de las habilidades sociales para interactuar con el resto de la sociedad de una manera saludable.

Cuando estas personas por fin se dan cuenta de que tienen un problema, ni siquiera pueden identificarlo, porque están demasiado centradas en el nivel cero: no ser nada. Entonces quieren que el terapeuta les diga quiénes son, y de eso se pasan hablando los meses siguientes. Aunque un buen terapeuta intentará que el paciente comprenda su personalidad, en este estado el paciente busca principalmente atención. Por eso, tanto el terapeuta como el paciente tienden a no llegar a ninguna parte. ¿Debe preocuparse el terapeuta por esta situación? No, porque le pagan por la atención que ofrece. ¿Debería preocuparse el paciente por su situación? No, porque él mismo paga por ello. De hecho, la mayoría de la gente dice lo siguiente de sus psicólogos: «Es estupendo tener a alguien con quien hablar abiertamente».

Esto explica el fracaso de la terapia, que podría corregirse si cada terapeuta contara con un supervisor al que explicar sus fallos. Pero no lo tienen, porque la terapia es un proceso fundamentalmente arbitrario y subjetivo, como han demostrado muchos estudios. A menudo, las conclusiones de los terapeutas se basan en opiniones personales más que en hechos. Sin embargo, si tanto el terapeuta como el paciente están satisfechos con el resultado y, a pesar de la falta de resultados, podemos decir realmente que hay algo mal en la terapia.

Es normal y esperable tener una reacción de enfado cuando nos damos cuenta de que nos han engañado durante muchos años y es mejor estar enfadado que deprimido sin respuestas. La ira siempre acompaña a un estado de depresión, pero es natural, ya que representa la conciencia de la necesidad de autovalidación en contraposición a la validación social. De hecho, esta autovalidación a menudo contradice los valores necesarios para la validación social, por lo que genera un conflicto interno: una ira dirigida al mundo que refleja la ira contra uno mismo. Se trata de una manifestación de la falta de amor propio, que se manifiesta como frustración.

El problema persiste cuando esta necesidad se busca externamente, por ejemplo, cuando las personas se esfuerzan por ser aceptadas por los demás, porque esto es poco probable. Las personas no pedirán perdón, no cambiarán ni se disculparán por lo que te han hecho, y es más probable que desaparezcan cuando se les confronta con sus acciones y palabras pasadas. Si necesitamos encontrar un medio externo para equilibrar el interior, las actividades que mejor llenan el vacío son las que permiten algún tipo de contacto directo con nuestra alquimia interior, como el ejercicio físico, una relación más profunda con la naturaleza, la meditación y, especialmente, una combinación de las tres: escalar una montaña a primera hora de la mañana y meditar en la cima. Un simple paseo en bicicleta también puede ayudar a aliviar la depresión. En esencia, queremos mantenernos activos con los elementos adecuados, porque es la combinación de acción y química lo que mejora nuestra salud mental en general.

Cuando digo «los elementos adecuados», me refiero no solo a los externos, sino también a los internos, como una dieta más sana basada en fruta fresca, verduras y frutos secos. Estos alimentos son ricos en energía positiva. Incluso si quieres ocuparte directamente de tus pensamientos, ya sabemos que se organizan mejor cuando se dirigen hacia un objetivo, por eso obtienes más claridad con una actividad que tumbándote en la cama deprimido y dándole vueltas a la vida. No importa lo compleja que pueda parecer tu vida, te curarás más rápido si adquieres el hábito de tener más acción en tu vida, una acción que esté alineada con el espacio, la naturaleza y el tiempo. Esto significa que cuanto más hagas en entornos naturales, más rápido sanarás y más clara se volverá tu mente. Entonces serás capaz de ver soluciones que antes no podías ver.

Capítulo 35: Curación a través de la conexión y la exteriorización

Es frecuente que surja la pregunta: ¿cómo puedo conseguir que una persona con problemas mentales quiera moverse y hacer cosas? ¿No sería un contrasentido? Cada persona necesita una solución única, pero uno no se cura realmente reflejándose a sí mismo y a su condición. La curación se produce cuando la persona comprende la conexión entre ella misma y el mundo exterior. Es un proceso de asimilación de la realidad mediante la exteriorización de la mente o la atención personal.

Uno de los problemas habituales de las personas deprimidas es que se adaptan muy fácilmente a los ciclos, hábitos y rutinas negativos, e incluso llegan a obsesionarse con estos ciclos como forma de escapar de la introspección. Por ejemplo, una persona deprimida por estar en paro se obsesionará con conseguir trabajo y no tendrá la claridad mental necesaria para intentar mejorar su currículum. También intentará conseguir un trabajo por miedo, en lugar de por verdadero interés en la entrevista y en lo que debería estar haciendo. Con estos comportamientos, la persona acaba alejándose de las oportunidades que busca.

Cuanto más dependientes sean las personas de la validación externa, más retos psicológicos y emocionales tendrán que afrontar. La solidaridad y la amistad solidaria evitarían esta situación, pero la mayoría de la gente no ayuda a sus amigos cuando lo necesitan, y ese es el verdadero problema. La sociedad está más centrada en las necesidades egoístas y la autogratificación que en la compasión.

Los problemas de salud mental son tanto el resultado de un mundo disfuncional y malsano como un problema que este debe resolver. Cuando el mundo falla al individuo, este tiene pocas o ninguna alternativa para escapar de los ciclos negativos. Cuanto más busquen fuera de sí mismos, más probabilidades tendrán de encontrar frustraciones, retos, barreras y otros obstáculos que les impidan autodesarrollarse.

Cuando lo que se percibe como normal pasa a formar parte de una cultura e incluso es alabado por las personas que la protegen, el individuo se ve condenado a una oscuridad de ignorancia de la que solo puede escapar buscando nuevos conocimientos, nuevas percepciones y nuevas formas de experimentar la realidad con una nueva perspectiva. Esto es tan cierto para la salud mental como para lograr un estilo de vida más próspero y rico. Es más probable que consigas tus objetivos si te separas de las creencias de los demás y formas las tuyas propias, incluidas aquellas en las que te educaron para confiar en ti mismo.

Esto puede parecer anormal a todos los que conoces, porque si lo normal es anormal, entonces lo verdaderamente normal será visto como anormal por aquellos que también son anormales. Este estado que los demás perciben como anormal te mantendrá cuerdo y, con el tiempo, te ayudará a alinear tu futuro con tu verdadero yo. Así es como encontrarás una vida que merezca la pena vivir, una vida que realmente te inspire a levantarte por la mañana, a deleitarte con el sonido de los pájaros y a convertirte en una mejor versión de ti mismo.

Glosario de términos

Autorreflexión: capacidad de examinar críticamente los propios pensamientos, creencias y comportamientos, reconociendo cómo pueden estar influidos por prejuicios inconscientes, condicionamientos sociales y experiencias pasadas.

Cambio orgánico: la idea de que el crecimiento personal y la transformación no son meros ejercicios intelectuales, sino que implican un proceso holístico e interconectado que afecta a todos los aspectos de la vida de un individuo, incluido el bienestar físico, emocional y social.

Cerebro reptiliano: término metafórico que se utiliza para describir los aspectos más primitivos e instintivos de la mente humana, que pueden conducir a comportamientos agresivos, egoístas y orientados a la supervivencia.

Comportamiento antisocial encubierto: acciones engañosas y manipuladoras adoptadas por individuos con una mentalidad anormal, como mentir, engañar y explotar a los demás para sobrevivir y obtener una ventaja.

Doble visión del mundo: perspectiva simplista y binaria que divide el mundo en «nosotros contra ellos», «depredador contra presa» o «agresor contra víctima», ignorando la complejidad y la interconexión de las relaciones humanas y la sociedad.

Gaslighting: forma de manipulación psicológica en la que el agresor hace que la víctima cuestione su propia realidad, memoria o percepciones, negando o contradiciendo sus experiencias.

Ilusiones: falsas creencias o percepciones que las personas tienen sobre sí mismas, las demás y el mundo que les rodea, que pueden llevarles a comportamientos irracionales y autodestructivos.

Introversión: estado psicológico en el que el individuo ha interiorizado su propia visión del mundo y lucha por cambiarla cuando interactúa con la realidad, lo que suele derivar en narcisismo y falta de empatía.

Lavado de cerebro emocional: el proceso de manipular las emociones de alguien, normalmente utilizando el miedo, la vergüenza y la inseguridad para controlar los pensamientos y el comportamiento.

Máscara social: el personaje que un individuo adopta para ajustarse a las normas y expectativas de la sociedad, a menudo en detrimento de su verdadero yo y de su expresión auténtica.

Mecanismos de supervivencia: estrategias psicológicas y de comportamiento que los individuos utilizan para garantizar su seguridad y bienestar, a menudo en detrimento de los demás.

Mentalidad depredadora: mentalidad que se centra en dominar y explotar a los demás, a menudo a expensas de su bienestar, con el fin de garantizar la propia supervivencia y el éxito.

Narcisismo: preocupación excesiva por la propia importancia, que suele ir acompañada de un frágil sentido de la autoestima y de la necesidad constante de validar y proteger el propio ego.

Psicopatía: trastorno de la personalidad caracterizado por la falta de empatía, la falta de respeto por los derechos y sentimientos de los demás y la tendencia a comportamientos manipuladores y antisociales.

Reciprocidad: intercambio mutuo de pensamientos, sentimientos y acciones entre individuos, esencial para el desarrollo de relaciones y conexiones sociales sanas.

Trayectoria evolutiva: la idea de que los seres humanos están en un camino continuo de desarrollo personal y social, con algunos individuos y culturas más «evolucionados» que otros en términos de autoconciencia, empatía y capacidad de cooperación.

Solicitud de Reseña de Libro

Estimado lector,

Gracias por comprar este libro. Me encantaría tener noticias suyas. Escribir una reseña de un libro nos ayuda a entender a nuestros lectores y también influye en las decisiones de compra de otros lectores. Su opinión es importante. Por favor, escriba una reseña del libro. Agradecemos su amabilidad.

Sobre el autor

Dan Desmarques es un autor de renombre con una notable trayectoria en el mundo literario. Con una impresionante cartera de 28 bestsellers en Amazon, entre ellos ocho números 1, Dan es una figura respetada en el sector. Gracias a su formación como profesor universitario de escritura académica y creativa, así como a su experiencia como consultor empresarial experimentado, Dan aporta una combinación única de conocimientos a su trabajo. Sus profundas ideas y su contenido transformador atraen a un amplio público y abarcan temas tan diversos como el crecimiento personal, el éxito, la espiritualidad y el sentido profundo de la vida. A través de sus escritos, Dan anima a los lectores a liberarse de sus limitaciones, dar rienda suelta a su potencial interior y embarcarse en un viaje de autodescubrimiento y transformación. En un mercado tan competitivo como el de la autoayuda, el excepcional talento de Dan y sus inspiradoras historias lo convierten en un autor sobresaliente, que motiva a los lectores a interesarse por sus libros y emprender un camino de crecimiento personal e iluminación.

También escrito por el autor

1. 66 Days to Change Your Life: 12 Steps to Effortlessly Remove Mental Blocks, Reprogram Your Brain and Become a Money Magnet

2. A New Way of Being: How to Rewire Your Brain and Take Control of Your Life

3. Abnormal: How to Train Yourself to Think Differently and Permanently Overcome Evil Thoughts

4. Alignment: The Process of Transmutation Within the Mechanics of Life

5. Audacity: How to Make Fast and Efficient Decisions in Any Situation

6. Beyond Belief: Discovering Sacred Moments in Everyday Life

7. Beyond Illusions: Discovering Your True Nature

Acerca del editor

Este libro fue publicado por 22 Lions Publishing.

www.22Lions.com